Kursbuch 219
Exil

Druckprodukt mit finanziellem
Klimabeitrag
ClimatePartner.com/12752-1803-1001

Zum Ausgleich für die entstandene CO_2-Emission bei der Produktion dieses Buches unterstützen wir die Bereitstellung von effizienten Kochöfen in Sambia. Die verbesserten Kochöfen verbrauchen zwei Drittel weniger Brennmaterial und verringern so nicht nur den CO_2-Ausstoß, sondern auch die Rodung der lokalen Wälder. Durch die bessere Luftqualität in den Räumen werden Atemwegserkrankungen verringert, und Familien können Zeit und Geld sparen, da weniger Brennmaterial benötigt wird.

Das Kursbuch erscheint viermal im Jahr.
Das Heft kostet einzeln € 16,–
Das Jahresabo (4 Ausgaben) kostet € 52,–
Im Internet: https://kursbuch.online

Kursbuch Kulturstiftung gGmbH
Miramar-Haus, Schopenstehl 15, 20095 Hamburg
Tel.: 040/39 80 83-0
V. i. S. d. P.: Peter Felixberger
Verleger: Sven Murmann

ISBN 978-3-96196-359-1
ISSN 0023-5652

Druck: Steinmeier GmbH & Co. KG, Deiningen
Printed in Germany

Zuschriften bitte per Mail an: kursbuch@kursbuch.online
Abonnenten-Service: abonnements@kursbuch.online
Pressevertrieb: PressUp GmbH, Wandsbeker Allee 1, 22041 Hamburg. www.pressup.de

Armin Nassehi
Editorial

»Selbst im Exil ist es nicht so schlimm zu leben wie allein im Vaterlande« – das schrieb Stefan Zweig in seinem Londoner Exil, und in diesem Satz ist die Spannung des Exils gut aufgehoben. Das, was der Exilant zurücklässt, muss so schlimm sein, dass ein Exil besser ist als dies – und doch bleibt das Zurückgelassene das Eigene. Zumal für einen Schriftsteller, der in seiner eigenen Sprache weiterpubliziert. Im Exil zu sein, ist nicht einfach ein Ortswechsel, sondern eine Multiplikation von Orten im Exilanten selbst. Das gilt prinzipiell für jede Migration. Migrantinnen und Migranten nehmen stets etwas von ihrem Ursprungsort mit, und wie wir das aus modernen Migrationsgeschichten kennen, entstehen gewissermaßen dritte Räume, in denen Migranten durch moderne Kommunikations-, Mobilitäts- und Zahlungsmöglichkeiten zwischen den Welten leben. Der Exilant nimmt dennoch eine Sonderstellung ein. Das Exil ist dem ähnlich – bleibt aber dem Raum, der verlassen wurde, stärker verpflichtet. Die Unterschiede zur Fluchtmigration dagegen sind fließend.

Dieses *Kursbuch* beschäftigt sich mit dem Exil als diesem Zwischenraum. Das Exil – als reales Geschehen, als Metapher, als Weltbezug, als Chiffre – verweist immer auf Selbstverhältnisse, also darauf, wie die Bezüge zur unmittelbaren sozialen, politischen, persönlichen Umwelt aussehen und wie man sich in ihnen bewegt. In meinem eigenen Beitrag habe ich das mit der bildlichen Frage verbunden, ob der Fisch weiß, dass er im Wasser lebt, und einen Begriff des Wassers haben kann. Er weiß es spätestens dann, wenn das Wasser als zuvor unsichtbare Quelle seiner Existenz brüchig – und damit sichtbar – wird.

Der Beitrag von Christoph Markschies beschäftigt sich mit dem vielleicht klassischsten Exilfall, nämlich mit dem babylonischen Exil des jüdischen Volkes im sechsten Jahrhundert vor Christus und seinen biblischen Quellen. Markschies zeigt, dass diese Exilerfahrung bis heute den Horizont des jüdischen Selbstverständnisses prägt, eine Erfahrung, die auch nach der Rückkehr, der Alijah, nicht aus dem Selbstverständnis verschwindet, sondern stets im Horizont der sozialen und liturgischen Selbstbeschreibungen bleibt, übrigens versehen mit dem Hinweis, dass die Frage der »Rückkehr« der Juden nach Israel älter ist, als es die gegenwärtige Diskussion aus Anlass des Krieges in der Region suggeriert. Ein ganz anderes Exil hat Sibylle Anderl im Blick, nämlich das extraterrestrische Exil auf dem Mars. Sie zeigt, dass es niemals ein Freiheitsgewinn sein kann, auf dem Mars zu siedeln, weil man das Verhältnis der Siedler so sehr einschränken und kontrollieren müsste, dass dies eher einer autoritären als einer freiheitlichen Sozialform entsprechen würde. Auf durchaus vergleichbare Diagnosen kommen Georg Glasze und Henning Füller, die sich mit Konzepten von Privatstädten beschäftigen, gewissermaßen Wohnexilen auf dem Planeten. Obwohl, so schreiben die Autoren, sich dort alles um die Bedürfnisse von Individuen dreht, scheitern solche Modelle gerade an Freiheits- und Abweichungsmöglichkeiten, an der Eigendynamik, die Städte genau genommen ausmachen.

Ein besonderes inneres Exil thematisiert das Interview, das wir mit Katrin Nemec und Katharina Köster geführt haben. Die beiden Dokumentarfilmerinnen haben mit ihrem Film *Jenseits von Schuld* Eltern eines Serienmörders begleitet, die sich an zwei unterschiedlichen Schnittstellen behaupten müssen: als Eltern, die verkraften müssen, dass ihr eigenes Kind unfassbare Verbrechen begangen hat, und als Menschen, die von außen als exakt solche Eltern wahrgenommen werden. Dem Film, der auf dem Münchner DOK.fest 2024 den Publikumspreis gewonnen hat, gelingt es, ohne jeglichen Voyeurismus und ohne Suche nach Sensation diese schwierige Situation zu rekonstruieren. Das Gespräch dreht sich um die Möglichkeit, einen solch unmöglichen Film drehen zu können. Der Film kommt im Herbst 2024 in die Kinos.

Jens Siegert beschäftigt sich mit einem abgelehnten Exil, nämlich mit dem Fall Alexej Nawalnys, der trotz aller Drohung und trotz Anschlägen auf sein Leben im Exil nach Russland zurückkehrte und in einem Lager zu Tode kam. Barbara Sheldon und Enno Aufderheide berichten von der Philipp Schwartz-Initiative der Alexander-von-Humboldt-Stiftung, die sich Wissenschaftlerinnen und Wissenschaftlern im Exil annimmt und ihnen wissenschaftliche Arbeitsmöglichkeiten in Deutschland bietet. Der Beitrag beschreibt detailliert Zielkonflikte zwischen individueller Förderung und strukturellen Fragen, zwischen Qualität und Hilfe, zeigt aber auch Chancen des Programms weit über die Hilfe für individuelle Personen hinaus auf.

Wissenschaftler im Exil haben eine lange Tradition – und ebensolches gilt auch für Schriftsteller. Ein Schwerpunkt dieses *Kursbuchs* sind literarische Arbeiten von acht Autorinnen und Autoren, die allesamt in Deutschland im Exil sind, weil sie in ihren Heimatländern verfolgt werden und keine Chance haben, frei und ohne Repression zu arbeiten. Es sind Behnaz Amani (Iran), María Teresa Montaño Delgado (Mexiko), Pezhman Golchin (Iran), Anîsa Jafarimehr (Kurdistan/Iran), Collen Kajokoto (Simbabwe), Mubeen Khishany (Irak), Stella Nyanzi (Uganda) und Zmicier Vishnioŭ (Belarus). Es handelt sich um Texte, die auf der Veranstaltung aus Anlass des 100-jährigen Bestehens des deutschen PEN-Zentrums vorgetragen wurden. Die Autorinnen und Autoren haben allesamt ein Stipendium des Writers-in-Exile-Programms des PEN-Zentrums. Angesichts der gegenwärtigen Insinuationen eines Freiheitsverlustes in unserem Land und der Behauptung, man könne nicht mehr sagen, was man wolle, beschämen uns diese Autorinnen und Autoren geradezu damit, dass sie ein Stipendium in Deutschland benötigen, um eines der grundlegenden Menschenrechte in Anspruch zu nehmen: die Freiheit des Wortes und der Kunst.

Die Auswahl der Länder, aus denen diese Literaten kommen, ist nur eine Auswahl der Länder, in denen man sich auf dieses Recht nicht ohne Risiko berufen kann – man könnte nicht einmal ohne Schaden öffentlich behaupten, man könne öffentlich nicht alles behaupten. Wir danken Astrid Vehstedt vom PEN-Zentrum, die uns sehr dabei unterstützt hat, dass wir diese Texte im *Kursbuch* publizieren können – und besonders danken wir natürlich den Autorinnen und Autoren selbst.

Schließlich die beiden Kolumnen von Jan Schwochow und Berit Glanz. Schwochow zeigt zunächst eine Grafik des Anteils von Menschen mit Migrationshintergrund an der Bevölkerung in Deutschland und in einer zweiten Grafik, wie vielfältig dieser Anteil selbst ist. Und Berit Glanz' »Islandtief« erzählt von Diego, der prominentesten Katze Islands – und darüber, welche Rolle Haustiere in dem Land spielen.

Dieses *Kursbuch* ist das 49., seit wir mit *Kursbuch 170* im Jahre 2012 das *Kursbuch* wiederbelebt haben. Das nächste, das *Kursbuch 220*, wird das 50. sein, das nicht die Vergangenheit feiert, sondern einen Ausblick auf die Zukunft geben wird. Lesen Sie zunächst dieses *Kursbuch* über das Exil und freuen Sie sich dann auf unser Jubiläum!

Jan Schwochow

EINE QUELLE, ZWEI GRAFIKEN

Menschen aus anderen Ländern

Migration ist neben dem Klimawandel eines der drängendsten Themen unserer Zeit. Schon meine Eltern mussten am Ende des Zweiten Weltkrieges flüchten und sich in der Nähe von Hamburg ein neues Leben aufbauen. Menschen verlassen ihre Heimat meist nur in Notsituationen – oft aus politischen oder religiösen Gründen. In Deutschland sind wir verpflichtet, Flüchtlinge aufzunehmen und zu versorgen, da wir uns zu internationalen Abkommen, wie der Genfer Flüchtlingskonvention und der Europäischen Menschenrechtskonvention, bekennen. Diese Abkommen sichern das Recht auf Asyl und Schutz vor Verfolgung. Darüber hinaus ist die Pflicht zur Aufnahme von Flüchtlingen im Grundgesetz verankert, das in Artikel 16a das Recht auf Asyl garantiert. Diese Verpflichtungen beruhen auf den Grundwerten von Menschlichkeit, Solidarität und dem Schutz der Menschenrechte, die in der deutschen und europäischen Rechtsordnung fest verankert sind. Natürlich spiegelt sich dies auch in unserer Demografie wider. Aufgrund der politischen Lage haben wir vielen Menschen, die in Not sind, Zuflucht gewährt. Ende 2023 waren in Deutschland rund 3,2 Millionen Schutzsuchende registriert. Dies sollte unser reiches Land verkraften können. Dahinter verbergen sich Chancen: Wir sollten uns stärker bemühen, diese Menschen zu integrieren, denn wir brauchen dringend Zuwanderung, da Deutschland seit 1972 mehr Sterbefälle als Geburten verzeichnet. So finden viele Menschen aus anderen EU-Ländern bei uns Arbeit, ohne die deutsche Staatsbürgerschaft zu haben. Ohne sie würde unsere Wirtschaft zusammenbrechen. Es ist aber auch bereichernd, wenn andere Kulturen bei uns eine Heimat finden. Dies wurde eindrucksvoll beim Auftritt unserer Nationalmannschaft bei der Fußball-EM im eigenen Land sichtbar, denn das DFB-Team ist ein Spiegel unserer Gesellschaft und ebenso vielfältig wie die meisten Schulklassen oder Kindergartengruppen hierzulande: Jonathan Tah hat eine deutsche Mutter, sein Vater stammt aus der Elfenbeinküste. Benjamin Henrichs ist Sohn eines deutschen Vaters und einer Mutter aus Ghana. Ilkay Gündogan, Emre Can und Deniz Undav haben türkische Wurzeln, Waldemar Anton russische. Antonio Rüdiger hat einen Vater aus Deutschland, seine Mutter stammt aus Sierra Leone. Leroy Sanés Vater kommt aus dem Senegal, der Vater von Jamal Musiala aus Nigeria. Das ist Deutschland.

Deutschland ist auch Heimat für Menschen aus anderen Ländern

Im Jahr 2023 zählte das Statistische Bundesamt rund 84 Millionen Menschen. Nicht alle Menschen sind in Deutschland geboren. Rund 25 Millionen Menschen haben einen Migrationshintergrund. Insgesamt 13,9 Millionen Menschen haben keine deutsche Staatsbürgerschaft und gelten bei uns als Ausländer. Darunter sind 5,1 Millionen Menschen, die aus anderen Staaten der Europäischen Union kommen und bei uns arbeiten. Am Ende kommt rund jeder zehnte Mensch aus einem Nicht-EU-Staat.

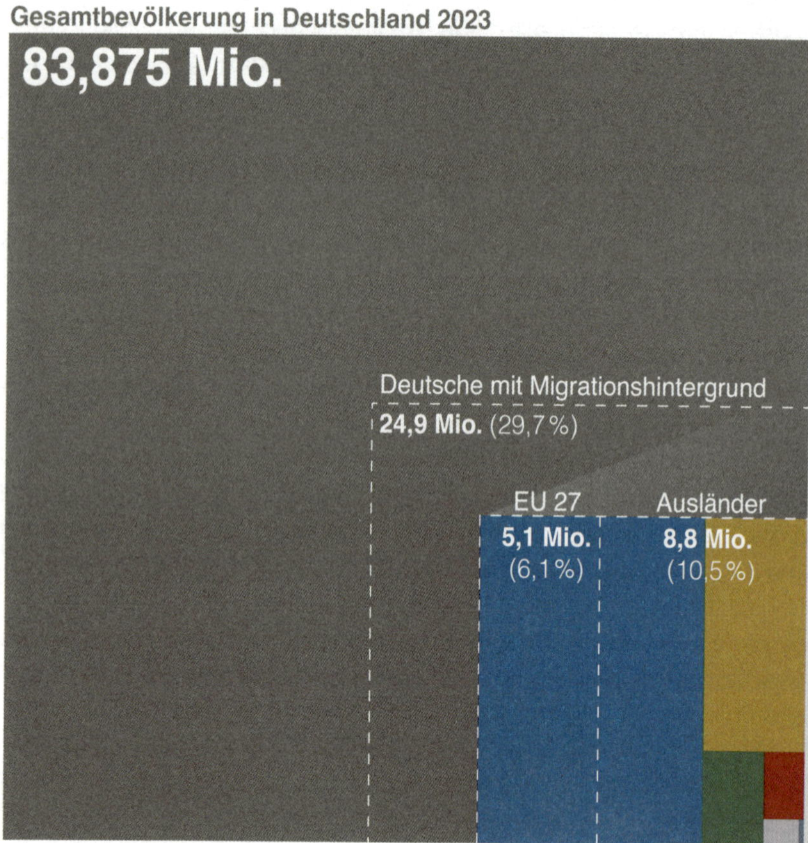

Quelle: Statistisches Bundesamt: Mikrozensus – Bevölkerung nach Migrationshintergrund, Erstergebnisse 2023. Die Bevölkerung mit Migrationshintergrund im weiteren Sinn umfasst auch in Deutschland geborene Deutsche mit Migrationshintergrund, die nicht mehr mit ihren Eltern in einem Haushalt leben.

Migration hat ganz unterschiedliche Gründe

Ausländer sind alle Personen, die nicht Deutsche im Sinne des Art. 116 Abs. 1 des Grundgesetzes sind, das heißt, nicht die deutsche Staatsangehörigkeit besitzen. Zu ihnen gehören auch Staatenlose und Personen mit ungeklärter Staatsangehörigkeit. In Deutschland leben derzeit rund 14 Millionen Ausländer. Ein Großteil sind Flüchtlinge aus der Ukraine, Syrien und Afghanistan.

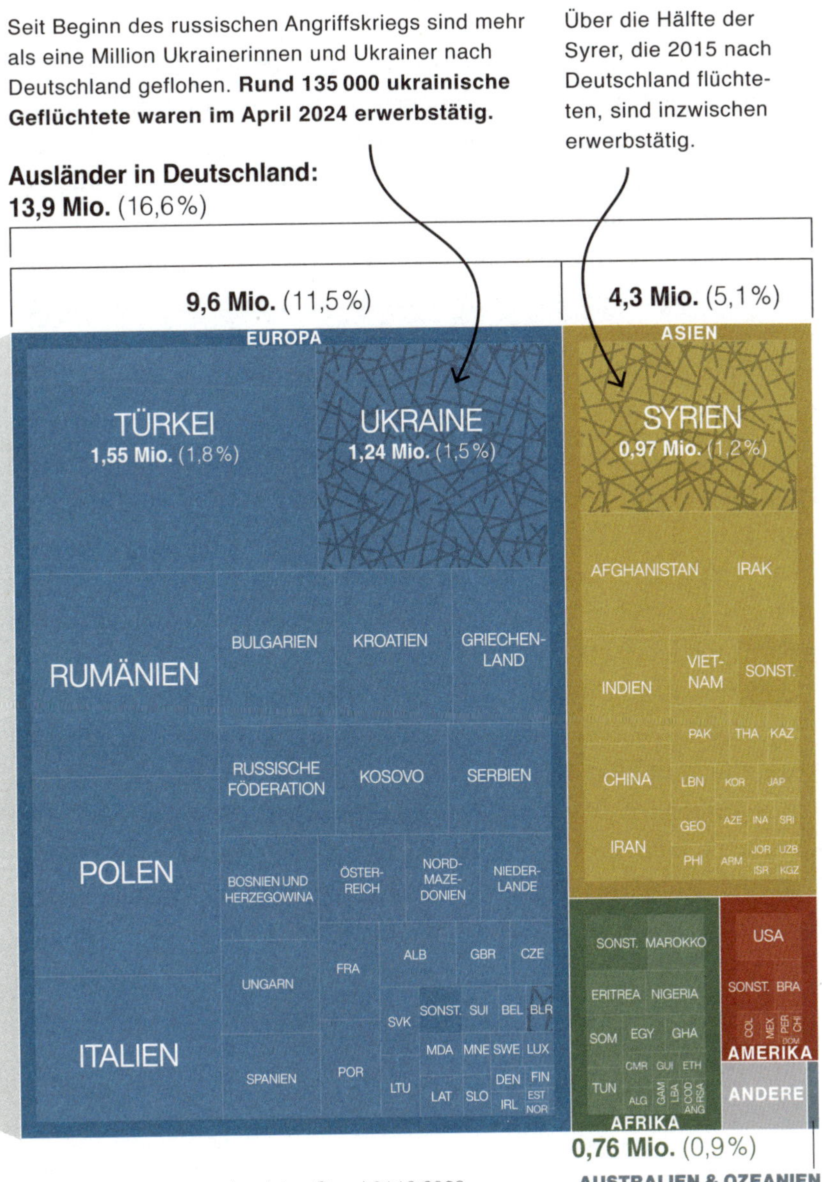

Quelle: Ausländerzentralregister, Stand 31.12.2023

Sibylle Anderl

Hiergeblieben

Ein kurzes Plädoyer gegen ein futuristisches Exil im Weltall

Es wäre das radikalste Exil, das man sich vorstellen kann. In seiner Beschaffenheit, aber auch in der Hinsicht auf alles, was aus ihm folgen würde. Könnte es sein, dass wir irgendwann die Erde verlassen müssen, um Schutz im All zu suchen? Auf dem Mond vielleicht, oder besser: gleich auf dem Mars? Dass wir Exilerdlinge werden?

Die *New York Times* berichtete kürzlich, dass Mitarbeiter des Unternehmens SpaceX erstaunlich konkret an den nötigen Technologien für die Errichtung einer Weltraumkolonie auf dem Mars arbeiten. Es gehe um Pläne für die Gebäude und die Beschaffung von Baumaterialien, außerdem würde an Raumanzügen gearbeitet, damit die Bauten für Spaziergänge in der dünnen Marsluft verlassen werden können. Und schließlich gehe es um die Frage, wie man auf dem Mars Kinder bekommen könne. Das alles klingt zwar verrückt, zumal, wenn man beobachtet, wie schwer sich die Amerikaner gleichzeitig mit ihrem Artemis-Programm tun, also allein damit, wieder Menschen für ein paar historische Schritte auf dem Mond zu bewegen.

Überraschend sind diese sehr konkreten Marsvorbereitungen allerdings nicht. Die Legende besagt schließlich, dass Elon Musks Wunsch nach einem möglichen Fluchtort für die Menschen im All 2002 ganz am Anfang seines Weltraumengagements stand, nachdem er bemerkt hatte, dass die NASA nichts dergleichen plane. Seitdem zieht sich der Planet als ein (passenderweise) roter Faden durch seine vielfältigen unternehmerischen Tätigkeiten. Immer wieder betont er, wie wichtig es wäre, dass die Menschheit zu einer multiplanetaren Spezies wird. In

20 Jahren, so wird er aus einer Rede im April zitiert, erwarte er, dass eine Million Menschen auf dem Mars leben würden.

»Die Dringlichkeit ist hoch, das Leben multiplanetar zu machen. Wir müssen das schaffen, solang unsere Zivilisation noch so stark ist.«

Mit seiner wiederverwendbaren Riesenrakete Super Heavy rocket und dem Starship-Raumschiff, das auch der Kombination aus beidem seinen Namen gibt, will er die passenden Transportmittel bauen. 150 Tonnen soll die Rakete transportieren können, 100 Tonnen sollen mit Starship pro Flug bis zum Mars fliegen. Der Trick: Tanken im Erdorbit, um das Gewicht des Treibstoffs beim Start einzusparen. Daran, dass das erste Ziel von Starship, zum Mond zu fliegen, nur ein Zwischenstopp auf dem Weg zum Mars ist, bleibt kein Zweifel, wenn man auf die Seiten von SpaceX schaut. Angeblich soll das Raumschiff für den etwa neun Monate dauernden Trip deutlich ausgebaut werden mit Wohn-, Fitness- und Unterhaltungsräumen, damit sich die rund 100 Passagiere auf der langen Reise wohlfühlen.

Aber was wären mögliche Gründe, die Erde zu verlassen und sich auf einem fremden Planeten niederzulassen? Der menschliche Entdeckergeist wird immer wieder zitiert, der unsere Vorfahren seit jeher dazu gebracht hat, ihre Lebensräume auszudehnen und Neues zu erkunden. Nachdem wir mit der Erde fertig sind, kommt jetzt der Weltraum. Wäre das tatsächlich die einzige Motivation, hätte das Leben auf dem Mars wenig vom Schicksal eines Exilanten. Es wäre eine Kolonialisierungsbewegung, vergleichbar mit all jenen, die wir auf der Erde bisher erlebt haben.

Ein Leben im Exil bleibt untermalt vom Gedanken an die wirkliche Heimat, von einem Gefühl der Fremdheit und des Nicht-hierher-Gehörens, nachdem man gezwungen war, das Vertraute, Geliebte zurückzulassen. Es ist geprägt von der Sehnsucht nach dem Alten und der Hoffnung auf ein Ende des Exils, verbunden mit einer möglichen Rückkehr in die Heimat.

Szenarien für eine nicht freiwillige Flucht ins All gibt es: Wenn wir weiterhin die Erde zerstören, wenn die Erde von einem Asteroiden getroffen, wenn die Menschheit von schlimmen Seuchen heimgesucht würde, könnte ein Außenposten auf dem Mars den Fortbestand der Menschheit retten. Und wenn es erst einmal diesen Außenposten gäbe, würde er auch für all jene taugen, die auf der Erde politisch verfolgt wären.

Exil im All? Gar nicht so unwahrscheinlich?

Wer sich etwas genauer damit beschäftigt, was ein Leben auf dem Mars bedeuten würde – so meine These –, wird kaum anders können, als einzusehen: Ein Leben auf dem Mars wird sich gar nicht anders anfühlen können wie ein Leben im Exil, unabhängig davon, welche Gründe den Raumfahrer tatsächlich dorthin verschlagen haben. Es wäre in jedem Moment durchwirkt vom alles dominierenden Gefühl des Fremdseins, von irdischer Sehnsucht.

So, wie man nicht ohne großen Druck freiwillig ins Exil geht, wird man auch die Erde nicht verlassen wollen, sobald sich verbreitet hat, was das tatsächlich heißt.

Der Blick auf die Erde

Wer die Erde aus dem All sieht, ist nicht mehr derselbe, so heißt es immer wieder. Der Blick auf den Heimatplaneten ist Auslöser für eine emotional-reflektive Reaktion, die als »Overview Effect« bezeichnet wird. Astronauten berichten, wie sehr sie dieser Blick bewegt und geprägt hat. In ihren Erzählungen kommt immer wieder die »Verletzlichkeit« des Planeten zur Sprache, die Bestürzung, dass es in diesem für kosmische Maßstäbe winzigen, für die Menschen so perfekten Lebensraum so viele Kriege und Konflikte gibt. Berichtet wird vom Gefühl einer besonderen Verbundenheit mit allen anderen Menschen und der Erde selbst. Und von der Motivation, der Zerstörung und dem Leid auf der Erde etwas entgegenzusetzen. In vielen Schilderungen ist die nostalgische Sehnsucht nach einer intakten, friedlichen irdischen Heimat zu spüren.

Besonders eindrucksvoll hat das erst kürzlich der Schauspieler William Shatner beschrieben, der 2021 mit Jeff Bezos' Unternehmen Blue Origin einen kurzen Flug in den Weltraum absolvieren durfte. Der 91-Jährige beschrieb seinen Zustand nach der Rückkehr als von tiefer Trauer geprägt. Er erfuhr beim Blick auf die Erde nicht den Eindruck kosmischer Harmonie, sondern: »I had a different experience, because I discovered that the beauty isn't out there, it's down here, with all of us. Leaving that behind made my connection to our tiny planet even more profound.« [»Ich hatte eine andere Erfahrung, denn ich entdeckte, dass die Schönheit nicht dort draußen ist, sie ist hier unten, bei uns allen. Dadurch, dass ich das alles hinter mir gelassen habe, wurde meine Verbindung zu unserem winzigen Planeten noch tiefer.«] Und weiter: »The contrast between the vicious coldness of space and the warm nurturing of earth below filled me with overwhelming sadness.« [»Der Kontrast zwischen der bösartigen Kälte des Weltraums und der warmen Fürsorglichkeit unserer Erde erfüllte mich mit überwältigender Traurigkeit.«]

Der Autor Frank White, der in den 1980er-Jahren die Bezeichnung »Overview Effect« einführte, sah diesen Effekt als Bestätigung unserer Berufung, eine Spezies im interplanetaren Raum zu werden. Seiner Einschätzung nach gibt es den Effekt in verschiedenen Abstufungen. Je weiter die Erde entfernt ist, desto stärker sollte der bewusstseinserweiternde Effekt als eine »kopernikanische Perspektive« wirken. Vom Mars aus, in einer durchschnittlichen Entfernung von 228 Millionen Kilometern, ist die Erde nur noch ein heller Punkt am Himmel.

Es braucht nicht viel Fantasie, um sich vorzustellen, dass dieser Anblick – punktförmig dann nur noch Anlass einer vagen Erinnerung an die Schönheit und Vielfalt unserer Erde – in einer lebensfeindlichen Umgebung statt zu einer Bewusstseinserweiterung eher zu einer tiefen existenziellen Form von Heimweh, Nostalgie und Sehnsucht führen kann. Und tatsächlich beschreibt White auch das »Earth-out-of-view«-Phänomen: Wenn die Erde für längere Zeit aus dem Blick gerät, könne das zu einer besonderen Form von Trennungsangst führen, aus der eine existenzielle Krise und im schlimmsten Fall Selbstmord oder blinde Zerstörungswut resultieren könnten. Whites Lösung: Die Erde mit einem Teleskop betrachten und auf diese Weise zurück in die Nähe holen. Fraglich aber, ob das wirklich die Lösung ist oder ob das die Wehmut und Verzweiflung nicht noch vergrößern würde.

Lebensfeindlich

Der Mars ist etwa halb so groß wie die Erde und um die 1,5-fache Erde-Sonne-Distanz von der Sonne entfernt. Während hier auf der Erde von der Sonne durchschnittlich eine Energie von 1361 Watt pro Quadratmeter auf die Atmosphäre trifft, sind es auf dem Mars nur noch 586 Watt pro Quadratmeter. Das, zusammen mit der Tatsache, dass der Mars eine nur sehr dünne Atmosphäre besitzt, macht ihn zu einem sehr kalten Ort. Die Durchschnittstemperatur liegt bei minus 63 Grad Celsius (SpaceX schreibt dazu: »It's a little cold, but we can warm it up« – dazu später mehr). Der Atmosphärendruck auf dem Mars entspricht 0,6 Prozent des mittleren Luftdrucks auf der Erde. Zu 95 Prozent besteht die Atmosphäre aus CO_2 mit etwas Stickstoff, Argon, Sauerstoff und Kohlenmonoxid. Die Gravitation auf dem Mars beträgt 38 Prozent der irdischen (SpaceX: »Wir können schwere Sachen heben und herumspringen«). Weil der Mars, anders als die Erde, kein globales Magnetfeld besitzt, bietet er kaum Schutz vor kosmischer Strahlung – geladener Teilchen – aus dem All, die für das Leben höchst schädlich ist.

Mit diesen vollkommen »unirdischen« Bedingungen umzugehen, erfordert weitreichende technologische Lösungen. Außerhalb der Erde leben zu können, ist offensichtlich nichts, das sich von selbst ergibt. Das Überleben an sich würde dort in den Mittelpunkt jeder Alltagsaktivität rücken und damit das soziale Miteinander vollständig prägen und dominieren. Die größte Herausforderung sind die Gefahren für die menschliche Gesundheit. Die Risiken sind bislang nicht umfassend erforscht. Klar ist: Geringe Gravitation, hohe Strahlenbelastung, schwierige Ernährungslage und genereller Stress in einer fremden Umgebung sind nicht förderlich für Menschen. Die NASA hat eine entsprechende Liste von über 30 Gesundheitsrisiken der Weltraumerschließung erstellt und diese nach Wahrscheinlichkeit ihres Auftretens, Schwere ihrer Gesundheitsfolgen, Beeinträchtigung der Missionsfähigkeit und Langzeitfolgen priorisiert, um an Lösungen zu arbeiten.

Am beunruhigendsten sind die Schäden durch die kosmische Strahlung – energiereiche Teilchen aus dem All, die auf der Erde weitgehend durch das irdische Magnetfeld und die Atmosphäre abgefangen werden. Diese kosmische Strahlung besitzt grundsätzlich zwei verschiedene Quellen. Einerseits wird das Sonnensystem fortwährend von galaktischer kosmischer Strahlung durchquert: Wasserstoff- und Heliumkerne sowie Ionen mit hoher Ladung und Energie. Dazu kommen andere Elementarteilchen, die erzeugt werden, wenn die Teilchen der galaktischen kosmischen Strahlung auf Materie und menschliches Gewebe treffen. Die schweren energiereichen Ionen sind dabei biologisch besonders gefährlich und können nicht vollständig abgeschirmt werden.

Andererseits kommt es auf der Sonne, zusätzlich zu ihrem niederenergetischen Sonnenwind, immer wieder zu Strahlungsausbrüchen, bei denen Protonen in der Sonnenatmosphäre beschleunigt und ins interplanetare Medium geschleudert werden.

Wie stark die beiden Komponenten der kosmischen Strahlung sind, hängt von der Aktivität der Sonne ab, die in Elf-Jahres-Zyklen variiert. In einem Aktivitätsminimum erreicht mehr galaktische kosmische Strahlung die Planeten, in einem Maximum wird diese Komponente vom Magnetfeld der Sonne abgeschirmt. Dafür kommt es dann verstärkt zu gewaltigen, von der Sonne ausgehenden Teilcheneruptionen. Wenn so ein solares Teilchenereignis genau in Richtung einer Raumkapsel oder des Mars ausgestoßen würde, wäre die Strahlenbelastung so hoch, dass es zu einem akuten Strahlensyndrom kommen könnte.

So oder so: Die Folgen dieser Strahlung für den menschlichen Körper sind höchst unangenehm. Insbesondere die galaktische kosmische

Strahlung schädigt das Erbgut. Dabei ist die Wirkung der hochenergetischen, schweren Ionen anders als diejenige von auf der Erde üblicher Strahlung wie etwa der Röntgenstrahlung. Sie schädigen DNA-Stränge in sehr viel komplexerer Art, sodass die Reparatur besonders schwierig ist. Das führt zu einem deutlich erhöhten Krebsrisiko, insbesondere in Lunge und Brust, im Magen und Darm sowie in der Blase. Auch das zentralste Organ des Menschen ist in Gefahr: Da sich Nervenzellen im Laufe des Lebens kaum noch teilen, sind im Gehirn Schäden besonders folgenreich. Die kosmische Strahlung führt auch zu oxidativen Schäden und oxidativem Stress, der mit Herz-Kreislauf-Erkrankungen und neurodegenerativen Krankheiten in Verbindungen gebracht wird. Solare Teilchenereignisse können zudem zu einer starken Schädigung des Knochenmarks führen. Die NASA führt all diese Risiken in der höchsten Kategorie »rot«. Auf dem Mars müsste man sich folglich um eine massive Abschirmung kümmern. Konkret hieße das zum Beispiel: Schlafräume brauchen eine Gesteinsdecke von mindestens einem Meter Dicke. Spaziergänge im Raumanzug wären nur höchst selten erlaubt.

Die Marsumgebung verursacht noch weitere Probleme, denn unsere Augen kommen mit verminderter Gravitation nicht gut klar. Das raumfahrtassoziierte, neurookulare Syndrom (SANS) trifft mindestens die Hälfte aller Raumfahrer. Die Flüssigkeitsumlagerung – vermehrt in den Kopf, wie man auf Videos von Astronauten auf der ISS eindrucksvoll sieht – ruft eine Einlagerung von Wasser im Augeninneren hervor. Die genauen Mechanismen von SANS sind noch nicht genau verstanden. Klar ist nur: Es führt zu ernsten Sehstörungen und im schlimmsten Fall zur Erblindung. Die geringere Gravitation und die resultierende Umverteilung von Körperflüssigkeiten führen zu anatomischen Änderungen im Gehirn, ob die aber in Zusammenhang mit SANS stehen, ist noch ungeklärt.

Weitere von der NASA mit einem besonders hohen Risiko bedachten Gesundheitsprobleme sind einerseits psychische Beeinträchtigungen oder Krankheiten, verbunden mit der Isolation und der weiten

Distanz zur Erde – etwa fünf Prozent der Teilnehmer irdischer Marskolonieexperimente entwickeln psychische Probleme. Anderseits mangelhafte Ernährung: Hier, weit entfernt von der Erde, die nötige Vielfalt und Vollständigkeit zu gewährleisten, ist herausfordernd, hat aber gleichzeitig einen großen Einfluss auf die Gesundheit und das Funktionieren des Körpers in reduzierter Gravitation – etwa, um dem Abbau der Knochendichte neben ständigem Training auch durch Ernährung etwas entgegenzusetzen oder um das außerhalb der Erde in Mitleidenschaft gezogene Immunsystem zu stärken.

Auch mit Kinderkriegen wird es vermutlich schwierig, auch wenn es bei dieser Frage noch viele Wissenslücken gibt. Quellen für mehr Stress gäbe es auf dem Mars zahlreiche, und der ist bekanntlich für die Reproduktion nicht förderlich – und insbesondere nicht für die Spermaqualität. Eingefrorenes und bei Bedarf wieder aufgetautes Sperma zu nutzen, wäre eine Lösung. Wie der Weltraum auf die weibliche Reproduktionsfähigkeit wirkt, ist allerdings noch nicht umfassend erforscht, denn der allergrößte Teil der Raumfahrerinnen nimmt die Pille, sodass ihre Menstruation unterdrückt wird. Wenn es aber zu einer Schwangerschaft kommen sollte, wäre sicherlich die erhöhte Strahlenbelastung ein Problem für die Entwicklung des ungeborenen Kindes – das weiß man von Beobachtungen aus Hiroshima und Nagasaki. Welche Folgen die geringere Gravitation für Schwangerschaft und Geburt hätte, ist ebenfalls unklar. Vermutlich wäre ein umfangreicher medizinischer Stab notwendig, um die Sicherheit von Mutter und Kind zu gewährleisten. Auch »natürliche« Geburten im All wären voraussichtlich keine gute Idee.

Freiheit geht anders

Um mit all diesen Gesundheitsrisiken umgehen zu können, bräuchte man nicht nur umfassende Schutzvorkehrungen und sehr gut ausgerüstete medizinische Einrichtungen. Vor dem Hintergrund der allgemeinen Ressourcenknappheit in einer Marskolonie wäre jeder Fall einer ernsthaften Krankheit für die gesamte soziale Gemeinschaft eine große Belastung. Die individuelle Gesundheit würde so zur kollektiven Aufgabe. Täglich intensiver Sport wäre nicht mehr Hobby, sondern Pflicht – und das wäre nicht einmal das Schlimmste. Eine umfassende Überwachung aller relevanten Gesundheitsdaten mit entsprechenden Vorsorgeprogrammen wäre sehr wahrscheinlich vorgeschrieben, so wie es bereits jetzt auf den Missionen betrieben wird.

Insbesondere, wenn es um die Früherkennung psychischer Krankheiten geht, wäre das ein äußerst problematisches Unterfangen. Wenn unter allen Umständen vermieden werden muss, dass Koloniebewohner durch ein unberechenbares Verhalten die Sicherheit aller anderen gefährden, ist die Frühdiagnose und Vorhersage des weiteren Krankheitsverlaufes weder einfach noch eindeutig. Es braucht nicht viel Fantasie, um sich auszumalen, dass das eine potenzielle Quelle von drastischen Ungerechtigkeiten und großer Willkür sein könnte.

Unabhängig davon würde womöglich auch sehr früh auf genetisches Screening zurückgegriffen werden müssen, um den Zugang zu den Kolonien zu regulieren. Wenn klar wäre, dass erbliche Krankheiten das extraterrestrische Gesundheitssystem unnötig belasten würden, könnte der Zugang präventiv verwehrt werden. Wer auf dem Mars leben wollte, würde seine individuelle Freiheit zugunsten der kollektiven Anstrengung, in einer lebensfeindlichen Umgebung überleben zu können, massiv einschränken müssen – und könnte sich trotzdem nicht sicher sein, dass alles für die eigene Gesundheit oder sogar das Überleben getan würde, denn vermutlich wären die entsprechenden Kriterien für die Verteilung von Behandlungen und Therapien angesichts der Ressourcenknappheit höchst utilitaristisch organisiert.

Der Philosoph und Bioethiker Konrad Szocik hat 2018 mit seinen Kollegen Rafael Elias Marques und Kateryna Lysenko-Ryba darauf hingewiesen, dass eine Marskolonie zu einer grundsätzlichen Verschiebung unserer moralischen Vorstellungen führen könnte: »Urteile in Bezug auf den Wert menschlichen Lebens werden beeinflusst werden durch die Bedingungen der Ressourcenknappheit und des Überlebens.« Konkreter: Vermutlich werde der Wert der Gruppe über den des Individuums gestellt und würden damit Neubewertungen von Abtreibung, der Euthanasie von Kranken im Endstadium oder allgemein der Aufopferung einzelner Menschen im Dienste der Gruppe vorgenommen werden. »Die Kolonie könnte als ein Ort jenseits moralischer Werte angesehen werden und als der einer reduzierten Privatsphäre«, spekulieren Szocik und seine Kollegen und überlegen weiter, dass die Etablierung einer geeigneten Marsreligion helfen könnte, diese im Vergleich zur Erde mit gänzlich anderen moralischen Maßstäben zu etablieren. In einer Veröffentlichung von 2022 vergleicht Szocik zusammen mit Michael J. Reiss die Einschränkungen der persönlichen Autonomie im Weltraum mit derjenigen in irdischen Gefängnissen.

Es ist schwer vorstellbar, dass Menschen sich in diese Umstände fügen würden, ohne die Erde jeden Tag als Ort der Sehnsucht in Erinnerung zu behalten, ohne eine Rückkehr jederzeit herbeizusehnen. Der Mars könnte zwar als Exil taugen, doch müssten die Gründe, sich in ein solches zu begeben, wirklich drastisch sein. Nun könnte es allerdings sein, dass das nur für eine Übergangszeit gilt. Könnte das Leben dort später nicht viel angenehmer sein, wenn entweder dem Menschen eine bessere Anpassung an die dortigen Umstände gelungen ist oder der Mars etwas erdähnlicher gestaltet werden könnte?

Anpassung

Tatsächlich diskutierten Skocik und Reiss auch die Möglichkeit, weiter an einer Anpassung des Menschen an die dort herrschenden Bedingungen zu arbeiten. Entweder durch eine Manipulation des Erbguts von Embryonen, sogenannter Eingriffe in die Keimbahn, oder durch Embryonenselektion. In China wurden bereits 2018 unter massiver internationaler Kritik die ersten genetisch veränderten Menschen geboren. Der Wissenschaftler He Jiankui hatte die Genschere

CRISPR/Cas genutzt, um im Erbgut der Zwillingsmädchen Lulu und Nana eine bestimmte Erbgutanlage auszuschalten, sodass beide vor einer HIV-Infektion geschützt sein würden. Wegen dieser nicht angemeldeten Menschenversuche musste He Jiankui drei Jahre lang ins Gefängnis.

Der Fall Jiankui hat gezeigt: Menschenversuche werden derzeit weltweit noch geächtet, und bislang ist man jenseits der Korrektur bekannter Gendefekte ohnehin noch weit davon entfernt, per Keimbahnmanipulation konkrete Eigenschaften eines Babys zu optimieren, da solche Eigenschaften in noch unverstandener Weise von vielen Genen beeinflusst werden. Würde diese Technologie allerdings so weit fortschreiten, dass man solche Unsicherheiten in den Griff bekommen würde, wäre es denkbar, künftige Menschengenerationen auf eine reduzierte Gravitation und stärkere Strahlenbelastung hin zu optimieren. Skocik und Reiss geben zu bedenken, dass aus dieser Möglichkeit mindestens eine Benachteiligung Nicht-Genmodifizierter für den Zugang ins All resultieren könnte – wenn es nicht sogar ein unüberwindbares Hindernis für sie wäre.

Das Fremdheitsgefühl für normal aufgewachsene Erdlinge, die auf den Mars umsiedeln, würde vermutlich noch deutlich verstärkt werden, sollte es in diesem Sinne wirklich eine Zwei-Klassen-Gesellschaft der Anpassung geben, in der sie systematisch benachteiligt würden. Skocik und Reiss heben hervor, dass angesichts der besonderen Risiken einer Schwangerschaft und Geburt außerhalb der Erde die Reproduktion enormen Einschränkungen unterworfen sein sollte. Die Gruppe der Nicht-Genmodifizierten könnte daher vom Recht, eigene Kinder zu bekommen, ausgeschlossen sein. Für die Gruppe der Angepassten könnte dagegen das exiltypische Gefühl der Sehnsucht nach der irdischen Heimat gemindert werden, wenn sie nicht mehr in gleichem Maße mit den gesundheitlichen Folgen der Marsumgebung konfrontiert wären wie die unangepassten Erdlinge. Ob das allerdings reichen würde, den Mars als neue Heimat akzeptieren zu können? Es könnte vielleicht eher so sein wie bei den angepassteren

Folgegenerationen der Exilanten auf der Erde, die trotzdem mit dem Traum einer Rückkehr in ihre Heimat leben, auch wenn es für sie gar keine »wirkliche« Heimat mehr wäre.

Gegen die gesundheitlichen Folgen der geringen Gravitation und der kosmischen Strahlung sind die Mittel jenseits von »Human Enhancement« relativ begrenzt, sofern man keine Zentrifugen baut und in massive Abschirmung investiert. Aber vielleicht würde es bereits helfen, wenn wenigstens die Außenwelt etwas weniger lebensfeindlich wäre, wenn es also auf dem Mars etwas wärmer wäre und der Druck ein bisschen erdähnlicher. Beides könnte »Terraforming« leisten. Die Idee existiert schon lange, und tatsächlich klingt es naheliegend: Wenn wir es schon auf der Erde geschafft haben, einen Klimawandel in Gang zu setzen, der die globalen Durchschnittstemperaturen nach oben treibt, warum sollte uns nicht Ähnliches auf dem Mars gelingen?

1991 veröffentlichten Christopher McKay, Owen Toon und James Kasting im Journal *Nature* Modellberechnungen, denen gemäß man es nur schaffen müsste, die Temperatur um 20 Grad zu erhöhen, dann würde eine Kette von Ereignissen in Gang gesetzt, die von selbst eine weitere Erwärmung erzeugen könnten: Einerseits würden die Eiskappen des Mars schmelzen und durch den erhöhten Wassergehalt in der Marsluft einen Treibhauseffekt fördern, andererseits würde das im Marsgestein gebundene Kohlendioxid befreit, das ebenfalls eine weitere Erwärmung begünstigen und die Atmosphäre verdichten könnte. Die ursprüngliche Idee war, für die initiale Erwärmung die einfallende Sonnenenergie zu nutzen. Elon Musk griff die Idee auf, allerdings mit etwas handfesteren und schneller wirksamen Mitteln. Die von ihm favorisierte Strategie nutzt thermonukleare Bomben für die initiale Temperaturerhöhung. Wissenschaftler haben allerdings Zweifel, dass diese Strategie aufgehen kann. Erstens ist die im Gestein gebundene Menge an CO_2 höchst unsicher – vermutlich wurde sie bisher überschätzt. Zweitens ist fraglich, ob der Mars eine künstlich erzeugte Atmosphäre mit seiner geringeren Gravitation und vor allem dem fehlenden Magnetfeld überhaupt halten könnte. So könnte es sein, dass das mühsam erzeugte Terraforming schneller wieder dahin ist, als dass man es überhaupt nutzen könnte.

Es bleibt also aller Voraussicht nach dabei: Der Mars wird der Erde höchst unähnlich bleiben, und alle potenziellen menschlichen Bewohner würden jederzeit erinnert werden, dass der Milliarden Jahre dauernde Prozess der biologischen Entwicklung, die schließlich den Menschen hervorbrachte, ihn als Erdbewohner schuf.

Futuristische Freiheit

Zurück zur Ausgangsfrage: Könnte der Weltraum uns Exil bieten? Es müsste übel um unsere irdische Heimat stehen, damit die lebensfeindlichen Bedingungen außerhalb der Erde uns eine Verbesserung unserer Lebensumstände versprechen könnten. Es ist schwer vorstellbar, dass die nötige Technologie und die entsprechenden moralischen und sozialen Regeln entwickelt werden könnten, um eine Marskolonie so zu gestalten, dass Menschen sich nicht mehr als Exilbewohner weitab von ihrer Heimat fühlen würden. Aber könnte es vielleicht auch Weltraumkolonien geben, die behaglicher wären?

Tatsächlich plant Amazon-Gründer Jeff Bezos genau wie sein Gegenspieler Elon Musk große Habitate im All. Allerdings mit einem entscheidenden Unterschied: Er will nicht zum Mars, sondern plant gigantische zylindrische Raumstationen im Stil des Physikers Gerard Kitchen O'Neill, in denen man künstliche Gravitation erzeugen könnte und die man auch in Erdnähe positionieren könnte. Solche Habitate wären hinsichtlich der Fremdheit ihrer physikalischen Bedingungen weit weniger extrem als der Mars. Regelmäßige Besuche zu Hause auf der Erde wären möglich. Es wären denkbare Exile, die vielleicht sogar Heimaten werden könnten.

Der Glaube an ihre baldige Konstruktion erfordert allerdings noch mehr futuristischen Optimismus als die Vorstellung einer Marsbesiedlung in den kommenden Jahrzehnten. Ein Exil im All wird noch lange keine wirkliche Option sein. Und wenn, dann nur vor dem Hintergrund von Katastrophen, die wir uns gar nicht ausmalen möchten. Ein freies, selbstbestimmtes Leben, das bisher die Motivation so vieler Exilanten war und ist, wird man im All zumindest nicht finden können. Bei aller Unsicherheit in Bezug auf die weiteren technologischen Entwicklungen ist das etwas, das man mit weitgehender Sicherheit sagen kann.

Weiterführende Literatur

Kirsten Grind: »Elon Musk's Plan to Put a Million Earthlings on Mars in 20 Years«, *New York Times* vom 11.07.2024

Christopher McKay, Owen Toon, James Kasting (1991): »Making Mars habitable«, *Nature* 352, S. 489–496

Denis Normile (2018): »CRISPR bombshell: Chinese researcher claims to have created gene-edited twins«, *Science*, doi: 10.1126/science.aaw1839

Zarana S. Patel et al. (2020): »Red risks for a journey to the red planet: The highest priority human health risks for a mission to mars«, npj microgravity, 6:33

Konrad Szocik, Michael J. Reiss (2022): »The final frontier: what is distinctive about the bioethics of space missions? The cases of human enhancement and human reproduction«, *Monash Bioethics review* (2023) 41:87–102

Konrad Szocik, Steven Abood, Mark Shelhamer (2018): »Psychological and biological challenges of the Mars mission viewed through the construct of the evolution of fundamental human needs«, Acta Astronautica, doi: https://doi.org/10.1016/j.actaastro.2018.10.008

Konrad Szocik, Rafael Elias Marques, Kateryna Lysenko-Ryba (2018): »Biological and social challenges of human reproduction in a long-term Mars base«, *Futures*, doi: 10.1016/j.futures.2018.04.006

Anîsa Jafarimehr

Auszug aus der Erzählung: *Freiheitsturm*

→

Ich hielt meine Augen geschlossen. Bevor ich sie öffnete, bevor ich noch die Schatten oder gar eine Stimme wahrnehmen konnte, hatten sie bereits meinen Kopf erobert. Die Schatten dreier Gestalten hingen über mir.

Stets verspürte ich in mir den Wunsch, ich wäre in einer großen Stadt, um inkognito zu sein, in einer Utopie, in der sich solche Schatten nicht mit meinem vermischen konnten. Ich kann mich noch erinnern, wie sich diese Schatten mir eilig näherten, als ich in die Schule ging. Mit jedem Tag kamen sie mir näher. Morgens bei Sonnenaufgang begleiteten sie mich sogar bis in die Klasse und in den Pausen wichen sie nicht von meiner Seite. Wenn ich mittags von der Schule nach Hause zurückkehrte, war mein eigener Schatten kürzer als ich, aber mit jedem Schritt mischte sich ein anderer Schatten, er schien ein wenig länger als meiner, mit meinem Schatten. Brach die Nacht an, überlagerte dieser Schatten nicht nur meinen eigenen, sondern mein ganzes Sein. Oft wünschte ich mir, ich könnte mich vor ihm verstecken oder an einen Ort fliehen, wohin er mir nicht folgen würde können, aber mein Hoffen war vergebens.

Bevor sie mich aufforderten, mich zu erheben – natürlich auf Persisch –, packte mich eine Frau im Tschador an den Haaren und zerrte mich über eine Wiese. Ich wehrte mich: »Was machst du?«, schrie ich sie an. Sie presste mir ihre Hand auf den Mund, um meine Schreie zu ersticken. Ich schlug um mich, um mich aufrichten zu können. Sie warf mich wieder zu Boden und war bald über mir, um mich festzuhalten. Sie ließ von mir ab, als mich zwei Männer unter den Achseln packten und mich hochzerrten. Der Schlag, den mir kurz zuvor einer von ihnen von hinten verpasst hatte, ließ meine Beine unter mir wegklappen. Ich war orientierungslos.

Endlich war ich nahe dem Freiheitsplatz. Jahrelang hatte ich mir gewünscht, diesen Platz zu besuchen und jenen nackten Turm zu sehen, der auf die Stadt blickt. Der Freiheitsturm (Azaditurm) gleicht einem Mann von der Hüfte abwärts. Mein Vater nannte ihn immer »Sheyad« was »Scharlatan« bedeutet. »Das heißt ›Shahyad‹ und nicht ›Sheyad‹«, korrigierte ich meinen Vater immer wieder. Ihm schien der fatale Unterschied dieser beiden Wörter nicht bewusst. Shahyad beutet »Denkmal der Schahs«. Später erkannte ich, dass dieser »Sheyad«, bevor man ihn mit dem Beinamen »Freiheit« versah, seine Beine breit gemacht und die Stadt stetig angepinkelt hatte und nun dabei war, die letzten Tropfen seiner Pisse abzuschütteln. Aber nun zeigte sich mir der Freiheitsturm als eine Frau von der Hüfte abwärts. Eine Frau, bis zu den Füßen eingehüllt in einen schwarzen Tschador mit der Hand meinen Mund fest im Griff. Ich streckte meine Hand Richtung Freiheitsturm aus, um ihm die schwarze Bedeckung herunterzureißen, in der Hoffnung, die Hand würde sich von meinem Mund lösen und mich wieder nach Luft schnappen lassen. Als ich den schwarzen Stoff fest mit der Hand umklammerte, riss sich die Frau los, befreite sich und ihre Bedeckung. Die beiden Männer griffen ein und zerrten mich an den Straßenrand. Einer der Männer ließ meinen Arm los und packte mich an den Beinen. Ich wehrte mich – seine Hand rutschte bis zu meiner Wade. Ich schwebte zwischen Himmel und Erde, bis ich ihnen entglitt und mit dem Rücken voran zu Boden stürzte. Der kurze Augenblick, in dem ich auf dem Boden lag, reichte, um meine zurückgelassene Tasche zu erblicken. Arme und Hände zu Hilfe nehmend, versuchte ich, zu ihr zu kriechen. »Die ärztlichen Befunde meiner Mutter, alles, was wir haben, befindet sich in der Tasche«, keuchte ich. Aber die Hand der Frau drückte wieder meinen Mund zu. Auf dem Gehweg war es einfacher, mich zu verschleppen. Am Straßenrand angekommen, befahlen sie mir, einzusteigen. »Was habe ich verbrochen, warum soll ich einsteigen?« Ein dritter Mann öffnete die Schiebertür eines Vans.

Ich hörte Frauenstimmen schreien. Einen Blick in den Van werfend, sah ich, wie ein Mann mit einem Stock auf eine Frau einprügelte, und wie sie bei jedem Schlag aufschrie.

»Ich sage dir zum letzten Mal: Steig in den Bus ein!«

»Ich steige nicht ein, meine Mutter wartet auf mich«, erwiderte ich verzweifelt.

Aus dem Kurdischen von Ute Cantera-Lang und Rawezh Salim.

Georg Glasze, Henning Füller

Immun gegen die Welt

Über das Wohnen im privaten Exil

Die Stadt der Zukunft steht in der Wüste. In der Tabuk-Provinz plant Kronprinz Mohammad bin Salman das Megaprojekt *Neom*, mehrere auf dem Reißbrett entwickelte Stadtgründungen, die Saudi-Arabien einen Platz in einer wissensbasierten, postfossilen Ökonomie sichern sollen. Aufsehen erregt dabei besonders eine Konzeption: *The Line*. Eine radikal neue Vision von Stadt, 170 Kilometer lang, 500 Meter hoch und wenige Hundert Meter breit. Computergrafiken zeigen ein spiegelndes, schnurgerades Band aus Glas und Beton, das vom Roten Meer weit in die Wüste reicht. Die Beschreibung verspricht einen von der Hitze der Außenwelt weitgehend abgeschlossenen und nahezu emissionsfreien Wohn- und Arbeitsort für bis zu neun Millionen Menschen. Straßen und Autos gibt es keine. Die CO_2-Emissionen sollen bei null liegen.

The Line ist eines der derzeit ambitioniertesten Beispiele in einer Reihe von Privatstadtprojekten. Nur selten erreichen die Projekte die in Saudi-Arabien geplante Größenordnung. Zumeist werden eher Kleinstädte beziehungsweise Ressorts konzipiert. Selten sind die Projekte von staatlicher Seite aus organisiert, üblicherweise handelt es sich um privatwirtschaftliche Initiativen von Einzelpersonen oder Unternehmen. Dennoch zeichnet sich deutlich eine gemeinsame Klammer ab. Solche Stadtkonzepte lassen sich als »exit imaginaries« lesen.[1] Mit Fantasien von Neustart und individueller Wahlfreiheit, die insbesondere libertäre, neoliberale und technikoptimistische Debatten prägen, und die immer öfter in Form von Stadtvisionen konkret ausbuchstabiert werden.

Aktuelle Beispiele sind neben *The Line* eine sogenannte *Innovation Zone* in Nevada, das *CityDAO*-Projekt in Wyoming, eine sogenannte

Blockchain City in El Salvador oder *Próspera* in Honduras. Alle diese Projekte versprechen Wohnen in einem selbst gewählten Exil. Alleinstellungsmerkmal ist ein »legacy free urbanism«[2], wie es im Marketing von *The Line* heißt. Zentral ist das Versprechen eines radikalen Bruchs: ein Neubeginn, der die bestehenden Probleme hinter sich lässt – seien es Umweltprobleme, dysfunktionaler Verkehr, staatliche Regularien oder unerwünschte soziale Kontakte. Ein Heraustreten aus bestehenden Strukturen, aber ohne Verzicht auf die gewohnten Wahlmöglichkeiten. »Every single thing you can think of in any city in the world will be on THE LINE at some point.«[3]

Ob als abgeschlossene künstliche Umwelt in der Wüste, wie im Fall von *The Line,* oder in Form einer weitgehend von Regularien und Abgaben befreiten Sonderwirtschaftszone wie in den Städten der *Próspera*-Initiative[4] – Verlockungen eines freiwilligen Exils im Sinne eines radikalen Hintersichlassens und Neubeginnens scheinen wichtige Triebkräfte dieses Trends.

Im Folgenden möchten wir das aktuelle Phänomen von Privatstadtvisionen nutzen, um das darin enthaltene Exilversprechen genauer zu differenzieren. Ein Wohnen in Gemeinschaften, die von der restlichen Gesellschaft enthoben sind, ist in vielen historischen Epochen ein wiederkehrendes Motiv. Was bedeutet es, dass dieses Versprechen heute in Form von autarken, von Spuren bisheriger Stadtentwicklung befreiten Städten besonders plausibel erscheint? Die konkrete Gestalt des Versprechens ist ein guter Indikator für die jeweils gesellschaftlich geteilten Wünsche und Ängste. Von dieser Hypothese ausgehend geht es um Traum und Wirklichkeit des aktuellen Trends zur Schaffung von neu geplanten Städten als autark imaginierten Rückzugsorten. Dazu ziehen wir einerseits die Visionen neuer Privatstädte heran und stellen diesen andererseits konkrete Erfahrungen aus der Forschung zu bestehenden abgegrenzten Wohnsiedlungen zur Seite, den sogenannten *Gated Communities.* In dieser Gegenüberstellung wird deutlich, so unser Argument, dass sich diese Form des Rückzugs treffend als eine Immunisierungsstrategie verstehen lässt.

Nicht nur in Bezug auf medizinische Fragen bestimmt eine Polarisierung zwischen einem externen Krankheitserreger und einem zu schützenden Körper aktuelle Gefahrendiskurse. Interessanterweise steht diese übergreifende Sorge vor Kontamination teils im Widerspruch zum Stand der wissenschaftlichen Debatten in den Bereichen. Regelmäßig wird aus einer wissenschaftlichen Perspektive die Bedeutung von Verflechtung und Austausch betont. Viren verursachen zwar nur in wenigen Fällen Krankheiten und sind vor allem eine unverzichtbare Quelle für genetische Variabilität. Die menschliche Biologie etwa kann ohne Interaktion mit Mikroben und Viren nicht funktionieren.[5]

Dennoch erscheint das aufwendige Bemühen um Grenzziehung gegenüber einem vermeintlichen Außen als ein übergreifendes Merkmal moderner Gesellschaften – eine Form der Immunisierung. *The Line* mit einer schillernden, aber scharf gezogenen Grenze aus Glas ist ein Sinnbild davon.

Das Werk von Roberto Esposito setzt an diesem Widerspruch an. Esposito zufolge lässt sich die Figur der Immunisierung gewinnbringend nutzen, um die spezifische Art und Weise kollektiver Absicherung gegenüber Gefahren in modernen Gesellschaften zu verstehen. Ein »Gebot der Immunisierung [sei] zum symbolischen und materiellen Angelpunkt unserer sozialen Systeme« geworden, so Espositos Behauptung.[6] Esposito schlägt eine Präzisierung vor in der von Foucault ausgehenden Debatte um Biopolitik. Maßgeblich ist heute nicht die bloße Biopolitik als Sorge um das Leben selbst, sondern eine immunitäre Variante davon. Immunisierung ist das eigentliche Muster des modernen Umgangs mit Risiken – ein negativer Schutz des Lebens, der vor allem auf den Selbsterhalt individueller Körper gerichtet ist. »[O]nly modernity makes of individual self-preservation the presupposition of all other political categories, from sovereignty to liberty.«[7] Die Figur der Immunisierung hilft, die charakteristisch moderne Fokussierung auf Individuen zu verstehen – die Hypostasierung individueller Körper. Darüber hinaus liefert die Figur Anhaltspunkte für die spezifische Funktionsweise dieses negativen Schutzes.

Zum einen stehen Grenzziehungen zwischen einem zu schützenden Innen und einem bedrohlichen Außen im Zentrum. Unterschiedliche Risiken werden allesamt auf eine analoge Ursache, nämlich eine Kontamination, ein Eindringen von außen zurückgeführt. »Die pathogene Matrix des Übels … liegt außerhalb des politischen Körpers und wird durch die Infiltration eines nicht vom Organismus selbst erzeugten, an:steckenden Elements auf ihn übertragen.«[8]

Gleichzeitig ist Immunität von einem Widerspruch durchzogen. Immer muss das Abzuwehrende zuvor erst inkorporiert werden. Ein Immunsystem braucht das Abzuwehrende im Inneren als Anhaltspunkt, um eine Schutzreaktion zu koordinieren. Hier liegt eine Pointe des Vorschlags Espositos, der uns dafür sensibilisiert, inwiefern moderne Biopolitik eben nicht als eine reine Abgrenzung verstanden werden kann, als prophylaktischen oder reaktiven Ausschluss des Gefährlichen. Vielmehr ist eine neutralisierende Hereinnahme kennzeichnend. »Dem Übel muss entgegengetreten werden – doch nicht, indem man es von den eigenen Grenzen fernhält. Sondern im Gegenteil durch Einschluss innerhalb dieser Grenzen. Die dialektische Figur, die sich so abzeichnet, ist jene einer ausschließenden Einschließung beziehungsweise einer Ausschließung durch Einschließung.«[9]

Aus den sozialphilosophischen und zeitdiagnostischen Arbeiten Espositos können wir zwei Hypothesen gewinnen, die uns schärfer die Machtdimension zeigen, die mit als Stadt imaginierten Exilfantasien verbunden ist. Im Folgenden gehen wir beiden Spuren nach. Zum einen wird mithilfe der Immunisierungsfigur deutlich, wie stark aktuelle Privatstadtvisionen auf einer Isolierung individueller Körper basieren. Die Sorge um das Individuum und um die Erfüllung der unmittelbaren Bedürfnisse ist zumeist die einzige Messlatte, an der sich die Visionen ausrichten. Zum anderen verweist Immunisierung auf den einschließenden Ausschluss, der die konkrete Umsetzung notwendig durchzieht. In Bezug auf Versorgung, Dienstleistungen, Infrastruktur, rechtliche Garantien und vieles Weitere bleiben die konzipierten Städte abhängig von bestehenden gesellschaftlichen Strukturen. Das zentrale Autarkieversprechen ist eine schnell entlarvte Illusion. Teilweise geht die vermeintliche Befreiung vor der Unbill und den Zwängen des Lebens außerhalb gar mit einer besonders strengen internen Regulation des Zusammenlebens einher.

Visionen der privaten Stadt – Hypostasierung des Individuums

Auf den ersten Blick erscheinen stadtbezogene Exilvisionen derzeit in ganz unterschiedlicher Form und Größe. Die eingangs skizzierte, von staatlicher Seite vorangetriebene Vision einer Millionenstadt (*The Line* in Saudi-Arabien) markiert dabei das eine Ende der Skala. Am anderen Ende stehen Visionen wie der *SeaPod* des Unternehmens Ocean Builders, ein Floating Home mit eigener Entsalzungsanlage und Solarzellen, das bis zu einer Wassertiefe von 30 Meter überall errichtet werden kann und den Bewohnern ein autarkes Leben auf 70 Quadratmeter ermöglicht.[10] Dazwischen gibt es zahlreiche Visionen von neu zu schaffenden, selbst verwalteten Gemeinden, die das libertäre Versprechen einer Befreiung von Gesetzen und Regulierungen, Abgaben und Verpflichtungen in Gestalt von Stadtvisionen vorantreiben.

Jeff Berns, der im Handel mit Kryptowährungen reich gewordene Chef von *Blockchains LLC*, hat dazu ein großes Stück Land in der Wüste von Nevada gekauft. Dort soll eine sogenannte *Innovation Zone* entstehen, in der Hoheitsrechte des Bundesstaats teilweise ausgesetzt werden. Die Bewohner erwerben Anteile und organisieren entsprechend diesen Stimmrechten eine Stadt nach eigenen Regeln.

Das *Seasteading Institute* sammelt Spenden für die Gründung von »startup communities that float on the ocean with any measure of political autonomy«[11]. Die Initiative will in solchen »floating cities« vor allem die Möglichkeit des Heraustretens aus den Zwängen und Missständen bestehender Gesellschaft in eine freiwillige Gemeinschaft ermöglichen. Seasteads machen es möglich, so der gegenwärtige Direktor

Joe Quirk, ein neues Gesellschaftsmodell ohne Krieg und Revolution auszuprobieren. Auch hier erfolgte die Anschubfinanzierung zum erheblichen Teil aus dem Kryptogeschäft. Patri Friedman, der Enkel des neoliberalen Ökonomen Milton Friedman, ist Gründer der Initiative, und Peter Thiel, ein libertärer Kryptoinvestor, hat eine entscheidende Anschubfinanzierung gestemmt.

Próspera, eine dazu analoge Initiative mit Fokus auf ökonomische Unabhängigkeit, hat beim Staat Honduras die Möglichkeit für eine Sonderwirtschaftszone erwirkt. Innerhalb dieser rechtlichen Sonderstellung sollen neue Städte entstehen: »a new generation of cities that will drive human prosperity and create a truly vibrant future for humanity«.[12]

Trotz der Diversität der Akteure hinter den Visionen und der unterschiedlichen Ziele, die damit verfolgt werden, vom Sprung einer auf Erdölextraktion basierten Monarchie in eine postfossile Ökonomie über utopische Ideen neuer Gemeinschaften bis zu individuellen Profitinteressen jenseits des Zugriffs der Steuerbehörden: Die Visionen sind Varianten eines ganz ähnlichen Musters. Die Hypothese der Immunisierung hilft, Konturen dieses Musters zu identifizieren: Immunisierung verweist auf das Moment der Entsolidarisierung und der Hypostasierung des Individuums, das allen skizzierten Beispielen gemeinsam ist.

Alle diese Visionen basieren auf dem abwehrenden Bezug zu bestehenden Städten beziehungsweise Gesellschaften. Die Herkunft des Begriffs Immunität im römischen Recht verweist auf das Komparative, auf die entscheidende Funktion einer negativen Bezugsfolie für die unterschiedlichen Konzeptionen. Entscheidend für die rechtliche Figur der Immunität ist die Ausnahme von einer Regel, die von allen befolgt wird.

Immun ist derjenige, der frei von den Pflichten ist, die andere leisten müssen

»Das Konzept der ›Immunität‹ ist ein nicht bloß privates, sondern zugleich auch komparatives Konzept: ihr semantischer Fokus ist weniger das Freisein an und für sich als vielmehr die Abhebung von der Lage anderer.«[13] Sensibilisiert für die zentrale Bedeutung einer abgrenzenden Bezugnahme auf die Lage anderer wird das übergreifende Moment der Entsolidarisierung deutlich. Einerseits ist in allen Fällen die Kontrastfolie entscheidend für die Vision – das Erbe verfehlter Stadtplanungen (»legacy of urbanism«), ein überregulierter Staat, die innovationsfeindlichen und träge machenden Sozialpolitiken.

Zudem basieren die Visionen jedes Mal auf der kolonialen Idee der *terra nullius*. Die Privatstadtprojekte sind konzipiert in vermeintlich leeren, unerschlossenen Regionen: in Wüsten, im Ozean, auf kleinen Inseln, peripheren Regionen (insbesondere im globalen Süden) – selbst im Weltraum (siehe Essay von Sibylle Anderl). Auch hier kommt die Entsolidarisierung zum Ausdruck. Die Imagination eines leeren Reißbretts, auf dem sich neu beginnen lässt, erfordert Ignoranz gegenüber den in allen Fällen bestehenden Nutzungen, Interessen und Gewohnheiten der dort lebenden beziehungsweise der für den Bau oder die Versorgung erforderlichen Menschen. Verknüpft werden diese Visionen eines Neubeginns in unerschlossenen Räumen vielfach mit Visionen einer neuen, digital vermittelten Organisation gesellschaftlicher Interaktionen – beispielsweise durch die Organisation von Finanztransaktionen in Kryptowährungen.

Dabei bleiben die imaginierten Städte in einer bezeichnenden Weise unterkomplex. Das zentrale Versprechen wird von einem Individuum und seinen Bedürfnissen aus konzipiert. Wohnen, Unterhaltung, Versorgung, Arbeit – »every single thing you can think of in any city in the world« – wird hier auf engem Raum versprochen, und das ohne die aus bestehenden Städten gewohnten Zumutungen. Das Individuum ist Maßstab und alleiniger Dreh- und Angelpunkt. Die Visionen skalieren also privates Wohnen auf die Maßstabsebene einer ganzen Stadt. Eine bezeichnende Leerstelle sind daher die gesellschaftlichen Funktionen der Stadt. Die Aushandlung von Heterogenität und die Begegnung in öffentlichen Räumen etwa finden keine Erwähnung und keinen Raum, sind aber notwendige Bedingung für das Funktionieren von Stadt. Die Visionen fokussieren die Bedürfnisbefriedigung des individuellen Bewohners und hypostasieren damit das Individuum.

Wirklichkeit privater Nachbarschaften – einschließender Ausschluss

Während die neuen großen Privatstadtprojekte bislang weitgehend nur Visionen sind und bereits ein mögliches Scheitern beobachtet werden konnte, gibt es auf der Ebene von Stadtteilen und Nachbarschaften einen Trend zur Realisierung privatwirtschaftlich entwickelter sowie privat beziehungsweise gemeinschaftlich organisierter Siedlungen. Ein Teil dieser Siedlungen wird als *gated communities* bezeichnet, und unter diesem Schlagwort hat das Phänomen insbesondere zu Beginn der 2000er-Jahre einige wissenschaftliche Aufmerksamkeit erfahren.

Die Bezeichnung *gated community* hat ihren Ursprung in den USA. Die Immobilienwirtschaft in Nordamerika vermarktet seit Anfang des 20. Jahrhunderts die privatwirtschaftlich von *developern* geplanten und entwickelten, suburbanen (meist Einfamilienhaus-)Siedlungen als *communities*. Die Wahl dieses Begriffs war kein Zufall, denn *community* steht im Englischen nicht nur für Gemeinde oder Nachbarschaft, sondern transportiert auch die Konnotation von »Gemeinschaft«. Die neu errichteten Siedlungen wurden damit aus Marketingerwägungen in einen Gegensatz zu Anonymität und Gefahren in den urbanen Zentren gestellt. Mit dem Zusatz *gated* versah die Immobilienwerbung jene dieser Siedlungen, die als verkaufsförderndes Argument mit einem Schlagbaum und Zugangskontrollen versehen wurden und zusätzlich noch Sicherheit verheißen sollen.

Im Kern geht es also um privatwirtschaftlich entwickelte Wohnsiedlungen. Dabei wird das Eigentum beziehungsweise Nutzungsrecht einer Wohneinheit (in der Regel ein Haus oder Apartment) mit Gemeinschaftseigentum (Grünanlagen, Sporteinrichtungen, Ver- und Entsorgungsinfrastruktur usw.) und gemeinschaftlich genutzten Dienstleistungen (etwa Wach- und Hausmeisterdienste) verbunden. Das Gemeinschaftseigentum und die gemeinschaftlich genutzten Dienstleistungen werden in Selbstverwaltung gesteuert, das heißt in einer institutionalisierten Form nachbarschaftlicher *Governance*.

Die privat organisierten Siedlungen wurden von libertär beziehungsweise neoliberal orientierten Wirtschaftswissenschaftlern bereits in den 1990er-Jahren als »institutionelle Innovation« gefeiert, die für die Bewohner eine marktgesteuerte und daher effiziente Versorgung mit lokalen öffentlichen Gütern ermögliche[14] – und können daher in gewisser Weise als ideologische Vorläufer der neuen Privatstadtvisionen gewertet werden: Erstens löse die Bewachung im Zusammenspiel mit der Verpflichtung für die Bewohner, regelmäßige Abgaben sowie gegebenenfalls Beitrittsgebühren zu zahlen, das Trittbrettfahrer-Problem: Als »kollektive territoriale Güter« oder als räumlich definierte »Club-Güter« stünden die lokalen öffentlichen Güter dann exklusiv den »Club-Mitgliedern«, will sagen den Bewohnern der Wohnkomplexe zur Verfügung. Alle, die von den kollektiven Gütern im Wohnkomplex profitieren, zahlen entsprechende Abgaben. Lokale öffentliche Güter würden auf diese Weise »handelbar« und könnten privatwirtschaftlich bereitgestellt werden. Zweitens seien die bewachten Wohnkomplexe im Vergleich zu öffentlichen Kommunen in der Regel klein und sozial homogen, sodass die Wahrscheinlichkeit größer sei, dass die individuellen Präferenzen berücksichtigt werden. Drittens könnten Wohnungssuchende ihre Siedlung oder Apartmentanlage danach auswählen, wo das Angebot an lokalen öffentlichen Gütern am ehesten ihren Präferenzen entspricht – angepriesen als »Abstimmung mit den Füßen«.[15]

In den USA stieg die Zahl privat organisierter Siedlungen seit Anfang des 20. Jahrhunderts rasch an. Die Statistiken zu diesem Phänomen variieren nicht zuletzt aufgrund der im Detail unterschiedlichen Abgrenzungskriterien beträchtlich. Es kann aber für Anfang der 2020er-Jahre davon ausgegangen werden, dass es in den USA mehrere 100 000 privatwirtschaftlich entwickelte und privat beziehungsweise gemeinschaftlich organisierte Siedlungen gibt, wovon mehrere Zehntausend mit Zäunen und Schlagbäumen als *gated communities* bezeichnet werden. Ein beträchtlicher Anteil der US-Amerikaner lebt in solchen privat entwickelten und privat beziehungsweise gemeinschaftlich organisierten Nachbarschaften.

Privatwirtschaftlich entwickelte Wohnsiedlungen sind allerdings keine »nordamerikanische Erfindung«, sondern ein weltweit in unterschiedlichen Formen zu beobachtendes Phänomen. So lässt sich zeigen, dass in den ziemlich rasch wachsenden europäischen Metropolen des 19. Jahrhunderts private Investoren Wohnsiedlungen entwickelt haben, deren Konzeption in vielem den zeitgenössischen *gated communities* ähnelt.

So wurden beispielsweise Villenkolonien, die ab den 1960er-Jahren im damaligen Umland von Berlin entstanden sind, von privaten Investoren oder Gesellschaften entwickelt. Diese bauten Straßen, modellierten und inszenierten die Landschaft und stellten die technische Erschließung sicher. Viele Einrichtungen, wie Schulen, Strom- und Gasversorgung, wurden (zunächst) privatwirtschaftlich beziehungsweise gemeinschaftlich und nicht kommunal organisiert. Die Kolonien wurden zwar nicht umzäunt und bewacht, aber die Bauherren sicherten den exklusiven Charakter durch Bau- und Gestaltungsvorschriften mittels Grundbucheinträgen und privatrechtlichen Vereinbarungen (so wurden finanzschwächere Haushalte beispielsweise durch das Verbot von Mehrfamilienhäusern exkludiert). Anders als in den USA kam die Entwicklung solcher privat entwickelter Wohnsiedlungen in Europa mit der Stärkung kommunal-wohlfahrtsstaatlicher Strukturen im 20. Jahrhundert zum Erliegen. In jüngerer Zeit entstehen allerdings in einigen Ländern Europas (wieder) privatwirtschaftlich entwickelte und bewachte Wohnanlagen.

Nachdem die mediale und wissenschaftliche Auseinandersetzung mit *gated communities* in den 1990er-Jahren zunächst in hohem Maße auf Entwicklungen in den USA fokussiert war, kamen in den 2000er-Jahren vermehrt städtebauliche Entwicklungen in zahlreichen anderen Regionen der Welt ins Blickfeld, die zunächst vielfach als eine Ausbreitung beziehungsweise Globalisierung des *gated communities*-Modells beschriebenen wurden (insbesondere in Lateinamerika, aber auch in Afrika, Asien und Europa). Detaillierte Studien zeigen, dass Vorbilder aus den USA zwar einflussreich sind und in gewissem Maße US-amerikanische *gated communities* zu einer weltweit verfügbaren Blaupause für die Entwicklung von Wohnsiedlungen geworden sind – ähnlich wie *shopping center* seit den 1970er-Jahren für Einzelhandelsprojekte. Gleichzeitig weisen diese Studien darauf hin, dass es eine Vielzahl unterschiedlicher städtebaulicher, soziopolitischer und sozioökonomischer Kontexte gibt, in denen unterschiedliche Formen einer privatwirtschaftlichen oder gemeinschaftlichen Organisation von Nachbarschaften mit wiederum unterschiedlichen Formen der Abschottung und Bewachung kombiniert werden.[16]

Eine Gemeinsamkeit ist jedoch, dass die Vermarktung dieser Siedlungen praktisch immer einen Rückzugsort vor den Zwängen und der Unbill des Lebens außerhalb verspricht: Das mag einmal Schutz vor der Kriminalität oder vor ungewollten Interaktionen sein, ein andermal der Rückzug in eine Enklave, die eine gesicherte Versorgung mit Elektrizität, Trinkwasser oder Freizeitinfrastruktur bieten soll.

Die privatwirtschaftlich entwickelten Wohnsiedlungen versprechen die Befriedigung der Bedürfnisse ihrer Bewohner in einer Art selbst gewähltem Exil.

Fragen größerer gesellschaftlicher Zusammenhänge oder gar von gesellschaftlicher Solidarität rücken dabei aus dem Blickfeld. Gleichzeitig zeigen empirische Studien zu diesen Wohnsiedlungen, dass der Rückzug nie vollständig gelingt. Die Siedlungen bleiben funktional und sozial in vielfacher Weise intensiv mit dem Leben außerhalb verflochten. Studien zu luxuriösen bewachten Wohnsiedlungen in Lateinamerika zeigen beispielsweise, dass diese umfangreich Dienstleistungspersonal beschäftigen (für die Pflege der Grün- und Freizeitanlagen, als Wach- und Dienstpersonal), die vielfach aus den marginalisierten Bevölkerungsgruppen angeworben werden, die »eigentlich« exkludiert werden sollten.

Auch die Befreiung von gesellschaftlichen Zwängen scheitert: So wird das Zusammenleben in vielen dieser Siedlungen durch umfangreiche Vorschriften reguliert, die oft weit über entsprechende öffentliche Vorschriften hinausgehen. So hat der US-amerikanische Politikwissenschaftler Evan McKenzie in seinem bemerkenswerten Buch *Privatopia. Homeowner Associations and the Rise of Residential Private Government* bereits in den 1990er-Jahren gezeigt, wie Entwickler und Eigentümergemeinschaften privater Siedlungen in den USA vielfach detailliert das Leben in diesen Siedlungen regeln (beispielsweise mit detaillierten Vorschriften zur ästhetischen Gestaltung oder zur Wahlwerbung in privaten Gärten).[17] Die vermeintliche Befreiung vor der Unbill außerhalb wird erkauft durch neue Regulierungen. Dabei gewährleisten die internen Organisations- und Entscheidungsstrukturen regelmäßig nicht grundlegende demokratische Prinzipien: So werden Stimmrechte vielfach an Größe oder Wert der Immobilien gebunden, Informationsrechte oder Schutz von Minderheitsmeinungen sind oft gar nicht vorgesehen.

Das notwendige Scheitern immunitärer Fantasien

Neue, teilweise gigantische Visionen von Privatstädten versprechen ein Herauslösen aus aller Unbill und Zwängen der Gesellschaft außerhalb – ein freiwilliges Exil. Bislang ist allerdings keines der Projekte einer Realisierung nahegekommen. Es liegt nahe, solche Pläne als *exit-imaginaries* besonders privilegierter Visionäre beziehungsweise neurotischer Individuen abzutun.

Wir schlagen hier einen Fluchtpunkt der Kritik vor, der sich nicht darauf beschränkt, Privatstadtvisionen als notwendig scheiternde Fantasien zu kritisieren, sondern diese Visionen als Symptom der Durchsetzung eines Immunitätsdispositivs in modernen westlichen Gesellschaften interpretiert. Zwei zentrale Momente dieser Form des Umgangs mit Risiken sind erstens eine Entsolidarisierung auf der Basis der Fokussierung auf die Bedürfnisbefriedigung Einzelner – die »Hypostasierung« des individuellen Körpers. Zweitens wird die Trennung von gefährlichem Außen und zu schützendem Innen betont – allerdings in einem »einschließenden Ausschluss«. Beide Momente werden sowohl anhand der skizzierten Privatstadtfantasien als auch in der empirischen Forschung zum globalen Phänomen privat entwickelter und organisierter Nachbarschaften sinnfällig.

Wie die Forschung bezüglich Tausender privat entwickelter und organisierter Nachbarschaften in verschiedenen Regionen der Welt gezeigt hat, versprechen diese Siedlungen eine Befriedigung der Bedürfnisse ihrer Bewohner und rücken Fragen größerer gesellschaftlicher Zusammenhänge in den Hintergrund. Gleichzeitig bleiben diese Enklaven aber in hohem Maße funktional und sozial mit ihrer Umgebung vernetzt. Die Exklusionsmechanismen (Zäune, Schlagbäume sowie die weniger sichtbaren sozialen Mechanismen) leisten nur eine Filterfunktion – keine Abtrennung. Und auch eine Befreiung vor gesellschaftlichen Zwängen scheitert letztlich. Die Forschung konnte zeigen, dass in den privat beziehungsweise gemeinschaftlich organisierten Wohnenklaven regelmäßig besonders strenge Regularien das Zusammenleben bestimmen und die Entscheidungsstrukturen gleichzeitig nicht einmal grundlegenden demokratischen Prinzipien genügen. Die vermeintlich ausgeschlossenen gesellschaftlichen Zwänge werden also in neuer Form inkorporiert.

Es spricht einiges dafür, dass die Versprechen eines freiwilligen Exils in private Städte symptomatisch sind für einen immunitären Umgang mit Risiken. Immunisierung bedeutet vor allem eine Entsolidarisierung und eine problematische Fixierung auf das Individuum. Die Forschung zu privat entwickelten und organisierten Nachbarschaften macht augenfällig, inwiefern diese Fantasien letztlich scheitern – aber gleichzeitig die Versprechen weiterhin auf Nachfrage stoßen. Auf Basis dieser Kritik kann mit Autorinnen und Autoren wie Roberto Esposito, Donna Haraway und anderen ein Appell gegen entsolidarisierende Fantasien und für eine *Gestaltung* von Interaktionen und Zusammenleben abgeleitet werden, der über die Visionen privater Städte hinausweist.[18]

Anmerkungen

1 Casey R. Lynch, Àlex Muñoz-Viso: »Blockchain urbanism: Evolving geographies of libertarian exit and technopolitical failure«, in: *Progress in Human Geography* 48(1) 2024, S. 66–84.

2 »The Future of Urban Living«, https://www.neom.com/en-us/regions/theline. Letzter Zugriff am 12.07.2024.

3 »An Interview with Giles Pendleton«, https://www.neom.com/en-us/regions/theline. Letzter Zugriff am 12.07.2024.

4 Próspera: »Launch your business«. https://www.prospera.co/launch. Letzter Zugriff am 12.07.2024.

5 Stefan Helmreich: »Homo Microbis: The Human Microbiome. Figural, Literal, Political«, in: *Thresholds* 42 (2014), S. 52–59.

6 Roberto Esposito: *Immunitas. Schutz und Negation des Lebens*. Berlin 2004, S. 26.

7 Roberto Esposito: *Bios: Biopolitics and philosophy*. Minneapolis 2008, S. 9.

8 Esposito, *Immunitas*, S. 141.

9 Ebd., S. 32.

10 Martin Reischke: »Die Stadt, die ich mir kaufe«, in: *mare* 164 (Juni/Juli 2024), S. 86–90.

11 Seasteading Institute: »About«. https://www.seasteading.org/about/. Letzter Zugriff am 19.07.2024.

12 Próspera, »Launch your business«.

13 Esposito, *Immunitas*, S. 30.

14 Fred E. Foldvary: *Public Goods and Private Communities – The Market Provision of Social Services*. Hants 1994; Chris Webster: »Property rights and the public realm: gates, green belts and Gemeinschaft«, in: *Environment and Planning* B 29(3) 2002, S. 397–412.

15 Kritisch dazu: Georg Glasze: »Private Neighbourhoods as Club Economies and Shareholder Democracies«, in: *Belgeo* (1) 2003, S. 87–98.

16 Georg Glasze: »Gated Community«, in: Nadine Marquardt, Verena Schreiber (Hg.): *Ortsregister. Ein Glossar zu Räumen der Gegenwart*. Bielefeld 2012, S. 126–132.

17 Evan McKenzie: *Privatopia. Homeowner Associations and the Rise of Residential Private Government*. New Haven, London 1994.

18 Donna Haraway: »Simians, Cyborgs, and Women«, in: dies. (Hg.): *How like a leaf. An Interview with Thyrza Nichols Goodeve*. London 2000, S. 67–71.

María Teresa Montaño Delgado

Ausländerin

→

Niemand sollte sich ausländisch fühlen,
In keinem Land der Erde,
An keinem Tisch,
An keinem Nachmittag.

Niemand sollte sich fremd fühlen
Weil er einen andren Boden betritt,
Weil er einer andren Furche folgt
Oder über einen andren Platz geht,
    Der nicht Teil seiner Heimat ist.

Niemand sollte eine Umarmung missen,
Wenn sein Horizont
Auf der andren Seite
    Der Dämmerung liegt.

Niemand sollte einen Happen zu essen missen,
Ein Glas Wein,
Kühl oder warm,
    Je nach Anlass.

Und nirgendwo
Sollte die Nacht anbrechen
Ohne dass ein andrer unsere Niederlagen zudeckt.

Denn auf keiner Haut verlaufen Grenzen
Weder gibt es Karten in den Träumen …

Noch fallen sie anders in den Blicken,
    Die Tränen der Sehnsucht.

Aus dem mexikanischen Spanisch von Timo Berger.

Pure Katharsis

Der Gewinner des Publikumspreises auf dem Münchner DOK.fest 2024 war der Film Jenseits von Schuld. *Darin geht es um die Eltern eines Serienmörders. Wie sie mit den unfassbaren Taten des Kindes umgehen, wie sie versuchen, einen Alltag zu leben, und wie sie die Gesamtsituation bis heute aushalten. Der Film hatte seine internationale Premiere in der »Semaine de la critique« in Locarno, läuft im Herbst in ausgewählten Kinos und wird nächstes Jahr im ZDF in der Reihe »Das kleine Fernsehspiel« gezeigt werden. Ein Gespräch mit den beiden Regisseurinnen Katharina Köster und Katrin Nemec.*

Von Peter Felixberger und Armin Nassehi

»Man kann sich von seinem Partner oder von seinen Eltern lossagen. Aber man kann sich nicht von seinem Kind lossagen.«

Kursbuch: Wie sind Sie mit den Eltern in Kontakt gekommen?

Katrin Nemec: Der Kontakt lief zunächst über den Sohn im Gefängnis. Er musste uns den Kontakt zu den Eltern herstellen.
Katharina Köster: Wir hatten bereits 2017 konkret Eltern mit dieser Hintergrundthematik gesucht und viele Anwälte, Gefängnismitarbeiter, Selbsthilfegruppen kontaktiert. Der Fokus lag auf Eltern, deren Kinder etwas getan haben, was sie nicht verzeihen können. Wir haben dann dem Sohn offen geschildert, was wir vorhaben. Und ihm klargemacht, dass seine Eltern auch seine Opfer sind und es nicht darum ginge, ihn zu rehabilitieren, sondern einzig um das Schicksal seiner Eltern.

Kursbuch: Wie haben die Eltern reagiert?

Katharina Köster: Sie haben lange nicht geantwortet.
Katrin Nemec: Kurzer Blick zurück. Wir sind 2018 auf den Fall Högel gestoßen. Und hatten schon viel zu dem allgemeinen Thema recherchiert, wie die Taten eines Kindes ganz überraschend in das Leben der Eltern hereinbrechen und die Identität der Familie von einem Tag auf den anderen infrage gestellt wird. Wir wollten Eltern finden, mit denen man Empathie empfindet und von denen der Zuschauer sich nicht einfach distanzieren kann.
Katharina Köster: Was nicht einfach war, denn nicht wenige Eltern, mit denen wir gesprochen haben, glaubten eher an eine Verschwörung gegen ihr Kind.
Katrin Nemec: Und das passt nicht zu unserer Filmidee. Wir wollten Eltern, die die Schuld ihres Kindes anerkennen. Generell war es schwierig, jemanden zu finden, weil das Thema mit großer Scham behaftet ist. Man schämt sich und gibt sich selbst die Schuld.
Katharina Köster: Man will deshalb eher im Unscheinbaren leben und nicht im Licht der Öffentlichkeit gesehen werden.

Kursbuch: Im Film sagt die Mutter einmal: »Ich gebe mir keine Schuld.« Das impliziert, dass ihr von außen abstrakt doch eine Schuld gegeben wird. Solche Sätze wirken eingeübt, gedruckt, fast ein wenig gestanzt?

Katrin Nemec: Man darf nicht vergessen, dass die Mutter seit über zehn Jahren in Therapie ist. In gewissem Sinne hatte sie die Sache schon verarbeitet. Natürlich sind die beiden immer noch traumatisiert. So etwas kann man wahrscheinlich ein Leben lang nicht überwinden.
Katharina Köster: Es gab in den Interviews immer Momente, wo die Taten hereingebrochen sind, als ob es gestern gewesen wäre.
Katrin Nemec: Die Eltern haben verschiedene Phasen durchlaufen. Auch die, in denen sie sich den Kopf zerbrochen haben, was sie falsch gemacht haben. Wenn man den Film sieht, bleibt man mit einer gewissen Ratlosigkeit zurück. Fragen, die gestellt werden, werden nicht in Gänze beantwortet. Man wird auf sich zurückgeworfen. Wie erzieht man seine Kinder? Muss man sie mehr schonen oder fordern? Und andere Fragen mehr.
Katharina Köster: Zunächst haben die Eltern auf unsere Briefe nicht geantwortet. Sie hatten Angst. Das erste Treffen wurde wieder abgesagt. Doch vor allem die Mutter hatte ein Bedürfnis, darüber mehr und tiefgehender zu erzählen. Was sie erlebt haben, hatte bis dahin niemanden interessiert. Nur im Hinblick darauf, warum der Sohn zu diesem Täter geworden ist. Die Mutter wollte ihre Perspektive zeigen, auch um anderen betroffenen Eltern zu helfen. Zum ersten Gespräch kam der Vater eher schützend mit dazu.
Katrin Nemec: Wir haben uns in Oldenburg in einem Café getroffen. Und waren zunächst erstaunt, welche normalen, sympathischen Menschen sie waren. Was wir gar nicht in Übereinstimmung mit diesem Tätersohn bringen konnten.

Kursbuch: Haben Sie ein Monster erwartet?

Katharina Köster: Ich habe einmal von einer Psychologin gelesen: Wenn mir ein Täter gegenübersitzt, sehe ich mehr Ähnlichkeiten als Unterschiede. Natürlich sind das normale Menschen.
Katrin Nemec: Die Banalität war überraschend. Bei unserem ersten Dreh waren Katharina und ich unheimlich aufgeregt, als der Sohn seinen Vater aus der JVA anrief. Aber dann haben sie sich übers Mittagessen und übers Wetter in Wilhelmshaven unterhalten. Da waren wir fassungslos. Ich hatte mir naiverweise vorgestellt, dass immer auch über die Taten gesprochen werden würde und dass Vorwürfe mitschwingen. Was natürlich nicht der Fall war.

Kursbuch: Keine Frage, das Leben ist Alltag. Der Film bezieht sich auf eine interessante soziale Konstellation. Der Täter spielt im Film nämlich fast keine Rolle. Die Rollen spielen das Elternpaar und sie beide als Regisseurinnen hinter der Kamera. Und dann gibt es die sozialen Bezüge der Eltern nach außen. An einer Stelle wird von einer Namensänderung gesprochen. Oder sogar ins Exil zu gehen, also weg vom vertrauten Ort, sich zurückzuziehen mit neuen sozialen Bezügen. Der Vater wiederum will eher die Normalität vor Ort aufrechterhalten.

Katrin Nemec: Der Vater erscheint so, als ob er sich nicht so intensiv auseinandersetzen würde. Für mich ist er fast die tragischere Figur. Er wirkt sehr in sich zurückgezogen und den Schmerz in sich verarbeitend. Evangelisch erzogen. Deutscher Junge leidet nicht. In der Realität musste er, als die Taten entdeckt wurden, weiterarbeiten und Geld verdienen. Miete und Lebensunterhalt mussten gezahlt werden. Er liest viel über den Nationalsozialismus, um herauszufinden, was ganz normale Menschen zu Massenmördern werden lässt. Einmal hat der Vater zu uns gesagt: »Was glaubt ihr, was los wäre, wenn ich genauso wie meine Frau zusammenbrechen würde?«

Der Vater ist der Part, der funktioniert. Als Krankenpfleger war er außerdem noch das Vorbild für den Sohn. Das ist doch furchtbar?
Katharina Köster: Aber er offenbart sich auch nicht so wie die Mutter. Das kann man auch feige finden. Katrin hat oft mehr mit dem Vater mitgefühlt und ich mit der Mutter. Sie redet auch Klartext mit ihrem Sohn. Was mir selbst während der Dreharbeiten erst klar geworden ist: Wir wollen etwas von den Eltern erfahren, aber sie stehen den Taten genauso ratlos gegenüber wie wir Zuschauer. Sie wollen genau wie wir das Unglück besser verstehen. Der Vater liest die Bücher über seinen Sohn, schaut sich die TV-Serien an, um es zu verstehen. Sie nutzen die gleichen Medien wie wir.
Katrin Nemec: Sie konnten oft nicht länger als drei Tage am Stück drehen. Da hat die Kraft nicht ausgereicht. Da mussten wir auch laufend drauf reagieren, was nicht leicht ist, weil der Dreh teuer ist und man nur begrenzt Zeit hat. Wir mussten diverse Male abbrechen.
Katharina Köster: Wir haben sehr viel Zeit mit den Eltern verbracht. Oft vom Frühstück bis zum Abendessen. Wenn es emotional wurde, sind wir auch nach dem Dreh sitzen geblieben und erst gegangen, wenn es ihnen wieder besser ging. Wir mussten das auch auffangen.
Katrin Nemec: Man wird mit der Zeit fast ein Teil der Familie. Es wird mehr und mehr selbstverständlich, dass wir da sind. Es spielt irgendwann keine Rolle mehr, ob man jetzt filmt oder miteinander Kaffee trinkt.
Katharina Köster: Unsere Art, Filme zu machen, ist nicht distanziert, sondern vertrauensbasiert. Ich bin überzeugt, dass ich viel von mir geben muss, um erwarten zu können, dass der andere viel von sich gibt.

Kursbuch: Ethnologisch würde man das *Going Native* nennen. Man wird Teil der Konstellation und ändert sie dadurch. Hat das Filmsetting zu Sätzen geführt, die es ohne nicht gegeben hätte?

Katrin Nemec: Ein Kernsatz im Film lautet, dass die Mutter sich phasenweise gewünscht hat, dass sich der Sohn was antut. Ein Gedanke,

den man sich als Eltern im Grunde genommen nie trauen würde zu denken, geschweige denn auszusprechen.
Katharina Köster: Wir hatten dazu sehr früh mit ihr ein Gespräch. Da habe ich gesagt, wenn ich mich in sie hineinversetze, dass ich an ihrer Stelle vielleicht den Gedanken hätte, dass es leichter wäre, der Sohn wäre tot. Dann hätte sie wenigstens ein Recht, zu trauern. Da nickte sie und antwortete, dass ihr das nie über die Lippen käme. Zwei Jahre später hat sie es in einem Interview gesagt. Sie haben sich auch über den Film weiterentwickelt. Wir waren als Ansprechpartner natürlich wichtig, vor allem, weil die beiden nicht viele Leute haben, mit denen sie über solche Dinge reden können.

Kursbuch: Als Regisseurinnen repräsentieren Sie für die beiden eine Außenwelt, die sie sonst nicht wahrnehmen können. Nachbarschaft, Verwandtschaft, sonstige Familie und Freunde kommen im Film fast gar nicht vor. Die Konzentration läuft anders. Die Eltern werden unfreiwillig in ein Exil gestürzt und kommen dort gar nicht an. Sie bleiben in ihrer vertrauten, heimatlichen Welt. In ihrem Exil entsteht keine neue Welt, in der man ankommen kann?

Katharina Köster: Es gibt ein soziales Umfeld, aber die meisten wollten nicht im Film vorkommen. Aber es wird auch kaum über die Taten gesprochen. Das ist auch total schwierig, was soll man da sagen? Das spricht man nicht an, wenn man sich auf dem Markt trifft. Entsprechend machen die beiden sehr viel mit sich aus. Die beiden haben kein professionelles Auffangnetz von außen angeboten bekommen. In vielen Fällen haben die Opferangehörigen Menschen an ihrer Seite, die sie unterstützen und ihnen sagen, was sie jetzt tun können. Für die Familien von Tätern gibt es hierfür kaum etwas. Zu den Tätereltern in unserem Film ist kein Psychologe oder Polizist gekommen, der ihnen schonend beigebracht hat, dass ihr Sohn verhaftet wurde und warum. Sie waren komplett auf sich gestellt und mussten sich zurechtfinden. Die Mutter hat sich von allem abgeschottet und der

Vater machte die Augen zu und durch. Er sagt einmal, dass er nie auf die Taten angesprochen wurde und gleichzeitig wusste, dass hinter seinem Rücken gesprochen wird. Wenn ich mir das vorstelle, das könnte ich nicht aushalten.

Kursbuch: Der Film bleibt im alten Weltzusammenhang, ist aber gleichzeitig Ausdruck eines Ins-Exil-gestoßen-Werdens?

Katharina Köster: Sie haben beide immer wieder betont, dass sie nicht davonlaufen wollen. Sie bleiben für immer die Eltern. Sie können woanders keine Beziehungen aufbauen und über sich reden ohne dieses Ereignis. Du kannst dem nicht entkommen. Und dir selbst kannst du auch nicht entkommen. Ich finde es richtig, dass sie dageblieben sind und es durchgezogen haben.

Katrin Nemec: Die Wohnung ist besonders schön dekoriert. Jedes Jahr eine neue Wandfarbe. Wir hatten manchmal den Eindruck, dass sie die Vergangenheit überstreichen wollen. Es sich besonders schön machen, zu Ostern und zu Weihnachten wird das volle Programm aufgefahren.

Katharina Köster: Die Wohnung ist ein kleines Exil.

Katrin Nemec: Aber es schwingt immer diese Scham mit. Am Anfang hat die Mutter nicht mit der EC-Karte bezahlt, weil der Name draufsteht. Sie hatten beide immer Angst, dass sie darauf angesprochen werden. Im Supermarkt, überall.

Kursbuch: Der Film ist eine interessante Parabel auf das normale Exil. Klassischerweise geht jemand, der verfolgt wird, woanders hin. Man nimmt mit, was man hat. Das erzwungene Exil im Film ist eine Parabel auf das normale Exil. Man will die Dinge loswerden und bekommt sie verstärkt zurück. Wenn ich aufpassen muss, nicht erkannt zu werden, muss ich mich noch stärker auf mich selbst beziehen. Man kann nicht vor den Dingen ausweichen, weil sie dann präsenter werden können. Man hält es nicht mehr aus im Exil.

Katharina Köster: Es ist so eine Art verdrängtes Exil. Sie versuchen die ganze Zeit, nicht im Exil zu sein, normal weiterzuleben und Reaktionen nicht an sich herankommen zu lassen.

Kursbuch: Der Film macht eindringlich klar, dass es keine Möglichkeit im Exil gibt, sich ein neues Leben aufbauen zu können. Eine Ausweglosigkeit, die den Zuschauer von Minute zu Minute immer mehr betroffen macht. Kein Weg ist gangbar?

Katrin Nemec: Es ist ein unlösbarer Konflikt zwischen Liebe und Schuld.
Katharina Köster: Deshalb wollten wir genau diese Konstellation. Man kann sich von seinem Partner oder von seinen Eltern lossagen. Aber man kann sich nicht von seinem Kind lossagen.

Kursbuch: Einmal fragt die Mutter, ob ihr Sohn eigentlich ein Mensch sei.

Katrin Nemec: Die beiden stehen immer auf der Täterseite, obwohl sie selbst Opfer sind. Das Recht, zu trauern, wird ihnen nicht gegeben. Anfang April dieses Jahres haben wir Opferangehörigen unseren Film gezeigt. Ohne Presse, mit psychologischer Begleitung vom Weißen Ring, um auf eine Retraumatisierung reagieren zu können. Einige waren vom Film gerührt und angetan, gleichzeitig haben sie betont, dass sie den Eltern keine Schuld geben. Dennoch bleibt der Selbstbezug, wenn sie den Film schauen. Sie gönnen es den Eltern, auch wieder Freude zu haben, und denken gleichzeitig immer, dass ihre Angehörigen nicht mehr die Möglichkeit dazu haben. Den Vater oder Ehemann genommen zu bekommen, löst eine andere Dimension von Trauer aus.
Katharina Köster: Die Mutter hatte Zeiten, wo sie sich geschämt hat, zu lachen. Sie fragt sich manchmal, ob sie ein Recht dazu hat, froh zu sein – was dann die Leute denken. Etwa in der Szene, wo sie gemeinsam tanzen in der Öffentlichkeit.

Kursbuch: Der Titel des Films lautet: *Jenseits von Schuld.* Warum?

Katharina Köster: Weil es um eine Beziehung zwischen Eltern und Kind geht, die unabhängig von der Schuld besteht. Die Schuld ist unverhandelbar. Der Film spielt im Schatten dieser Schuld.
Katrin Nemec: Die Eltern telefonieren zweimal am Tag mit ihrem Sohn. Er hat auf seiner Zelle ein Telefon und kann sie zu gewissen Zeiten anrufen. Die Eltern kaufen ihm Pullover, überweisen ihm Telefongeld. Eine etwas ungewöhnliche Vertiefung einer Eltern-Kind-Beziehung, er ist ja schon über 40. Sie machen sich ständig Sorgen um ihren Sohn, dass er depressiv wird oder sich in der JVA etwas antut. Die Verantwortung ist stärker geworden, weil sie für ihn der einzige Bezugspunkt sind. Sie haben starke Angst um die Zukunft des Sohnes, wenn sie einmal sterben werden. Und es kann theoretisch schon sein, dass er irgendwann wieder rauskommt, was machen sie dann?
Katharina Köster: Interessant ist, sie wünschen sich beide, dass er wieder rauskommt. Wir glauben jedoch zu spüren, dass es ihnen in Wahrheit auch Angst macht, wenn er wieder rauskommen würde.
Katrin Nemec: Das würde sie richtig in Schwierigkeiten bringen. Jetzt haben sie eine gewisse Distanz und sich im Leben eingerichtet. Obwohl sein manipulativer Arm aus der JVA immer noch wirkt. Sie haben aber die Chance, sich zurückzuziehen.

Kursbuch: Sich einrichten im Exil ist mit unterschiedlichen Strategien verbunden. Die Mutter wehrt sich gegen das unverdiente Schicksal. Der Vater versucht sich hingegen, zu arrangieren. Die große Klammer ist die beiderseitige Liebe des Lebens, die sie zusammenhält. Sie wirken im Film wie aneinandergekettet.

Katrin Nemec: Viele Ehen zerbrechen an diesem Schicksal.
Katharina Köster: Sie kümmern sich sehr umeinander. Ja, die Mutter konfrontiert sich stark mit der Situation, überfordert sich dabei und muss sich dann komplett rausziehen. Der Vater befindet sich auf

einem geringeren Level, scheut Konflikte, lässt vieles nicht so sehr an sich heran, bleibt aber dadurch zuverlässig und kann besser durchhalten. Er ist es, der immer mit ihrem Sohn telefoniert und alles regelt. Er hat auch mit uns weitergedreht, als die Mutter abgebrochen hat. Wenn sie sagt, dass sie jetzt nicht mehr aus dem Haus gehen kann, ist er es, der alle Einkäufe erledigt und Termine absagt.
Katrin Nemec: Es ist eine große Unsicherheit für beide, dass dieser Film in die Öffentlichkeit kommt. Bis dahin existierten von den beiden keine Fotos oder Statements.

Kursbuch: Die Blickwinkel des Films laden alle ein, die um sie herum sind, mitzuschauen. Auch die deutsche Nachbarschaft, die sich das Maul zerreißt, oder die Boulevardmedien?

Katharina Köster: Wir haben von Anfang an immer wieder mit ihnen darüber gesprochen, dass das passieren kann und wie sie reagieren können. Aber ehrlich: Hundertprozentig ist man davor nicht gefeit. Was sollen sie auch machen, wenn jetzt jemand von der Sensationspresse bei ihnen vor der Tür steht? Aber eigentlich hoffe ich, dass der Film eher heilsam für sie ist. Dass sie mit den Menschen um sich herum, die sich vielleicht nie getraut haben, sie anzusprechen, in Austausch kommen. Ich erwarte keine Feindseligkeiten nach dem Film. Ich erwarte eher, dass sie Mitgefühl erfahren werden.

Kursbuch: In dem Film gibt es kein Statement der beiden zu den Opfern. Absicht?

Katharina Köster: Stimmt, das fehlte dem Vater auch, nachdem er den Film erstmals gesehen hatte. Die beiden waren aber zum Zeitpunkt des Drehs noch nicht in der Lage dazu. Sie waren kaum in der Lage, ihren eigenen Horizont zu begreifen. Wahrscheinlich ist das der nächste Schritt in ihrer Aufarbeitung.

Katrin Nemec: Wie will man sich bei den Opfern als Tätereltern entschuldigen? Wie soll man da Worte finden? Das ist unmöglich. Sie sind selbst keine Täter. Bei der Filmvorführung für die Opferangehörigen haben die Eltern aber durch uns in persönlichen Worten ihr Mitgefühl ausrichten lassen. Unser Gefühl ist, das war wichtig für die Angehörigen und mindestens genauso für die Eltern.

Kursbuch: Welche Art von Dokumentarfilmen drehen Sie?

Katharina Köster: Wir haben mit den Protagonisten aller unserer Filme bis heute Kontakt. Wir sind Beziehungen eingegangen und haben eine Verantwortung übernommen. Das überdauert.
Katrin Nemec: Gleichzeitig besteht für uns das Problem des langen Dokumentarfilms mit bis zu 90 Minuten darin, dass wir nicht davon leben können. Es gibt wenig Sendeplätze für ein freies langes Format. Wir sind sehr dankbar, dass unser Film voraussichtlich 2025 im ZDF in der Nachwuchsredaktion »Das kleine Fernsehspiel« gezeigt wird.
Katharina Köster: Wir machen klassisch beobachtende Dokumentarfilme. Wir wollen zuhören. Wir suchen beide Themen, die uns selbst moralisch an Grenzen bringen, wo wir nicht wissen, wie wir dazu stehen, wo wir menschlich gefordert sind.
Katrin Nemec: ... und uns auch überfordern. Unsere Filme implizieren immer auch das Scheitern. Das darin besteht, den Kern der Sache nicht herausarbeiten zu können. Wir dürfen scheitern, »aber bitte auf hohem Niveau«, hat unser Professor Heiner Stadler immer gesagt. Das darf kein Grund sein, an diese Themen nicht heranzugehen.
Katharina Köster: Die Hauptqualität ist Zähigkeit. Immer zu schauen, einen Weg zu finden. Ich will meine eigenen Gewissheiten und Vorurteile hinterfragen. Ich möchte selbst etwas lernen, wenn ich einen Film angehe.
Katrin Nemec: Bei mir schwebt immer die Angst mit, zu versagen. Und es besteht immer die Gefahr, ins Sensationelle abzurutschen.

Nicht wenige haben uns bei diesem Film gesagt, dass die Tätersicht viel attraktiver sei.
Katrin Nemec: Der Sohn hat den Film noch nicht gesehen. Er muss bis 2025 warten, dann kann er ihn im ZDF sehen. Wir gehen in Deutschland im Herbst 2024 auf Kinotour.

Kursbuch: Vor was fürchten Sie sich bei der Rezeption des Films?

Katharina Köster: Dass unsere Absicht nicht gesehen wird. Dass Leute den Film nur schauen, um den Hintergrund der Taten zu erfahren, und dann enttäuscht zurückbleiben.
Katrin Nemec: Wir werfen Fragen auf, für die es keine Antworten gibt. Leute könnten denken, dass im Film nichts passiert.

Kursbuch: Und genau dazu möchten wir Ihnen gratulieren. Die Stärke des Films besteht darin, dass nichts passiert. Das eröffnet Räume, zu lernen. Ereignisse sind überbewertet. Der Film ist dennoch die pure Katharsis.

Das Gespräch fand am 5. Juli am Institut für Soziologie in München statt.

Filmografie:
Jenseits von Schuld. 2024. 79 Minuten. Autorinnen: Katharina Köster, Katrin Nemec. Kamera: Tobias Tempel. Ton: Björn Rothe. Schnitt: Miriam Märk. Musik: Cico Beck. Produktion: Trimafilm. Produzent*in: Isabelle Bertolone, David Armati Lechner, Trini Götze. Verleih: Realfiction.

Pezhman Golchin

Du weißt nicht, was Augen sind

→

Nun haben sie dich deiner Augen beraubt / Am Ende der Dämmerung der Straße

Ich schließe die Lider, lege die Hände aufeinander,
Es hilft nichts, die Kugel ist durch die dünne Haut deiner Augen
entkommen ins
Dunkle
Ins Schluchzen deiner Mutter am vierzigsten Tag eines unzeitgemäßen Frühlings
In den drängenden Schrei nach Freiheit

Die Laterne in Passantenhänden spendet die Verheißung stillen Lichts
Die Verheißung eines aschgrauen Traums / Eines mitten im Ausbruch des Zweiten Weltkriegs
verbliebenen Traums / Traum vom Ende eines windverwehten, verlorenen Lachens

Und du
Du siehst das Warten deiner Augen blind / dunkel / am letzten Ende …
Den Blick gen …
Für …
Ich weiß

Hier trübt sich selbst die Sicht der Wörter / Genau wie die Kugel, die die hauchdünne Haut deiner

Augen durchdrang.

Besonders diese Szene bekam Staub ab und Tränengas hat sich mit dem Geruch nach Schießpulver

vermischt, die Soldaten befehlen: »Halt!«, und ich habe die Straße meiner Worte aus den

Augen verloren, ich sehe nichts, während die Zunge unentwegt ins Stolpern gerät, auf der

Suche nach dem Platz, den du im Auge leer gelassen hast.
Ich betaste Augenhöhlen, und

Irgendwo steht auf dem Boden etwas in Blindenschrift geschrieben.

Es hilft nichts

Die Kugel

Ist durch die dünne Haut deiner Augen entkommen

ins

Dunkle.

Es hilft nichts

Die Kugel

Ist durch die dünne Haut deiner Augen entkommen

ins

Dunkle.

Aus dem Persischen von Jutta Himmelreich.

Barbara Sheldon, Enno Aufderheide

Wenn Wissenschaft heimatlos macht

Hoffnungsschimmer in Zeiten der Kriege

Es war deutsche Politik, die zur Einrichtung erster Schutzprogramme für Forschende führte – aber nicht immer kann man stolz darauf sein, den Anlass für eine wichtige Errungenschaft gegeben zu haben: Sehr schnell, nachdem die NSDAP in einer Koalitionsregierung 1933 an die Macht gekommen war, entfernte sie Wissenschaftlerinnen und Wissenschaftler jüdischer Herkunft aus öffentlichen Ämtern. Auch zahlreiche Professoren wurden entlassen, viele von ihnen konnten Deutschland in dieser Zeit noch verlassen. Ihr Schicksal bewog führende Wissenschaftler im Vereinigten Königreich, namentlich den Direktor der London School of Economics, William Beveridge, und den Nobelpreisträger Ernest Rutherford, den Academic Assistant Council, Vorgänger des heutigen Council for At-Risk Academics (CARA), zu gründen. Auch in den USA entstanden Organisationen, um aus Deutschland vertriebene Forschende zu unterstützen: Besonders das Institute of International Education (IIE) der NYU und The New School engagierten sich. Letztere taten dies durch Unterstützung der Notgemeinschaft deutscher Wissenschaftler im Ausland, die 1933 durch den in Frankfurt wegen seiner jüdischen Herkunft entlassenen und zunächst in die Schweiz emigrierten Pathologen Philipp Schwartz gegründet worden war.

Wissenschaftlerinnen und Wissenschaftler wurden auch nach Ende der rechten Herrschaft in Deutschland in totalitär regierten Ländern verfolgt. CARA und das IIE blieben für diese Menschen engagiert. In Deutschland wurden zwar immer wieder Programme zur Weiterentwicklung des Hochschul- und Forschungsstandorts, von der Exzellenzinitiative bis zum Hochschulpakt, geschaffen und Hochschulen und

Wissenschaftsorganisationen arbeiteten ihre Geschichte während der Jahre des Nazi-Terrorregimes auf, aber fast 70 Jahre lang richtete keine Organisation ein Schutzprogramm für diese gefährdeten Forschenden ein. Eine Leerstelle, die aus dem Ausland gesehen wurde. Es war letztlich die Alexander-von-Humboldt-Stiftung (AvH), die etwa ab 2008 Impulse der angelsächsischen Organisationen Scholar Rescue Fund (SRF), Scholars at Risk Network (SaR) und Council for At-Risk Academics aufnahm und an der Konzeption eines Schutzprogramms arbeitete. Als die »Flüchtlingskrise« von 2015 erahnen ließ, dass unfreiwillige Migration ein großes Zukunftsthema auch für Deutschland werden würde, hatte die Stiftung eine erste Antwort seitens der Wissenschaft fertig in der Schublade, die fortan deutschland- und europaweit Schule machen würde.

Hilfe speziell für Forschende – sind nicht alle Menschen gleich?

Aber ist es überhaupt gerechtfertigt, spezielle Hilfsprogramme für Forschende einzurichten? Benötigen nicht alle Opfer von Kriegen und totalitärer Herrschaft gleichermaßen Hilfe?

Die Antwort geben Aggressoren und Despoten selber: Im Iran stehen besonders die Hochschulen im Fokus der Auseinandersetzung mit dem Mullah-Regime – als Zentrum des Widerstandes und als Schwerpunkt der Repression. Gleich zu Beginn seines Überfalls auf die Ukraine zerstörte Russland dort gezielt Bildungseinrichtungen – fast 2000 innerhalb der ersten vier Monate.[1] Auch nach dem Putschversuch 2016 in der Türkei richtete sich die Repression der Regierung besonders gegen Hochschulangehörige, vor allem die mehr als tausend Unterzeichnenden der Erklärung »Akademiker für den Frieden«. Hochschulen sind aus ihrer Natur heraus Orte freien Denkens, und Forschende, insbesondere in den Geistes- und Sozialwissenschaften, deshalb in besonderer Weise der Repression ausgesetzt. Das allein rechtfertigt es, Forschenden frühzeitig

Schutz und Unterstützung zu geben, aber es kommen weitere Aspekte hinzu: eine Unterstützung Geflüchteter ist vor allem dann wirksam, wenn sie den Geflüchteten ermöglicht, ihre Fähigkeiten weiter einzubringen, nicht nur Hilfe zu empfangen, sondern ihr Leben zu gestalten und zur Gemeinschaft beizutragen. Und insofern ist es sinnvoll, dass jeder Teil unserer Gesellschaft schwerpunktmäßig Personen unterstützt, für die er dies am ehesten gewährleisten kann.

Die Alexander-von-Humboldt-Stiftung (AvH)

Die Alexander-von-Humboldt-Stiftung wurde 1953 durch die Bundesrepublik Deutschland gegründet. Ihr Stiftungszweck ist die Förderung der Forschung und der interkulturellen Verständigung. Hierzu vergibt sie Stipendien und Preise an im Ausland lebende Forschende, damit diese längere Zeit in Deutschland forschen können. Im Zentrum steht also die einzelne Person, wichtigstes Instrument ist die Individualförderung. Die Stiftung baut durch ihre Arbeit zudem ein weltweites Netzwerk auf und fördert die Kooperation ihrer Alumni mit deutschen Forschenden sowie den Austausch untereinander ein Leben lang. Ihr Budget von derzeit rund 150 Millionen Euro pro Jahr erhält sie fast ausschließlich aus dem Bundeshaushalt. Damit ist sie ein relativ kleiner Akteur in der deutschen Forschungslandschaft, verglichen etwa mit der etwa 25-mal finanzstärkeren Deutschen Forschungsgemeinschaft (DFG). Deshalb fokussiert sie ihre Förderung auf ein schmales Exzellenzsegment der Forschenden (nur in den hier beschriebenen Schutzprogrammen weicht sie davon ab). Sie gewinnt so besonders leistungsfähige Persönlichkeiten für eine zeitweise Arbeit in und eine lebenslange Kooperation mit Deutschland. Das Bewusstsein ihrer Geförderten und Alumni, im Netzwerk der Stiftung auf herausragend fähige Menschen zu treffen, begründet zusammen mit der persönlichen Betreuung durch die Stiftung den lebenslangen Zusammenhalt der »Humboldtianerinnen und Humboldtianer«.

Exzellenzförderung und Hilfe für Gefährdete – ein Dilemma?

Die Diskussion in der Alexander-von-Humboldt-Stiftung über die Füllung der in Deutschland bestehenden Leerstelle fand vor allem zwischen zwei Polen statt: Zum einen sollte die klare Exzellenzorientierung in der Personenförderung der Stiftung, die ihr Markenzeichen und wichtiges Element des Zusammengehörigkeitsgefühls ist, erhalten bleiben. Es bestand Einigkeit, dass andere Auswahlkriterien auch andere Förderangebote bedingen.

Zum anderen konnte auf die Tradition der Stiftung aufgebaut werden, die vor allem im Kalten Krieg gegenüber Forschenden aus dem »Ostblock« etabliert worden war: im Geiste ihrer Gründung 1953 aktiv für die freiheitlichen Werte Deutschlands einzutreten und eine freie Forschung auch für die zu ermöglichen, denen dies in einem totalitär regierten Heimatland versagt blieb.

Es wurde jedoch rasch klar, dass das Beispiel des Kalten Krieges sich nicht übertragen ließ. Konnte man damals Forschende aus beispielsweise den Staaten des Warschauer Paktes ebenfalls nach Exzellenzkriterien aussuchen (die in der Stiftung nie nur auf das Erreichte zielen, sondern das Potenzial in den Mittelpunkt stellen, auch wenn es umständehalber nicht voll ausgeschöpft werden konnte), musste ein Hilfsprogramm für gefährdete Forschende die Bedrohung als zentrales Förderkriterium ansetzen. Weder durfte es möglich sein, bei besonderen Fähigkeiten auch ohne echte Gefährdung in die Förderung zu kommen (das wäre in den traditionellen Programmen zu beantragen), noch durften ernsthaft gefährdete Forschende zurückgewiesen werden, weil ihr Potenzial als nicht im internationalen Vergleich herausragend beurteilt wurde. Überhaupt die Gefährdung: Wie sollte man diese bewerten – dem einen Forschenden durch ein Stipendium eine Chance verschaffen, dem anderen diese verwehren und ihn damit vielleicht in Lebensgefahr zurücklassen? »It's like playing God«, sagte der Vertreter eines etablierten Schutzprogramms und traf damit den Kern des Problems. Denn »Gott-Spielen« war nicht Teil der DNA einer deutschen Wissenschaftsförderorganisation.

In der gemeinsamen Diskussion, in der auch der damalige Präsident der Stiftung, Helmut Schwarz, als kritischer Geist eine tragende Rolle spielte, konnten die Herausforderungen aber letztlich gemeistert und konnte ein zur Stiftung passendes Programm formuliert werden – die Philipp Schwartz-Initiative (PSI).

Das Programmdesign – zwischen Personenförderung und Strukturbildung

»Gib einem Mann einen Fisch und du ernährst ihn für einen Tag. Lehre einen Mann zu fischen und du ernährst ihn für sein Leben« (Konfuzius). In der Philanthropie, so sagte uns der Vertreter eines der großen angelsächsischen Schutzprogramme für gefährdete Forschende, müsse man sich zwischen diesen beiden Ansätzen entscheiden, und er persönlich würde sich immer dafür entscheiden, den Fisch direkt dem hungrigen Mann zu geben. Übersetzt in die Welt der Schutzprogramme: Sollten wir ein Programm bauen, das uns erlauben würde, möglichst zügig Stipendien an gefährdete Forschende zu vergeben? Oder sollten wir eher das deutsche Wissenschaftssystem so weiterentwickeln, dass es künftig aufnahmebereit für gefährdete Forschende würde? Am Ende entschieden wir uns, beides zu tun: gefährdete Forschende zu fördern und das gesamte System weiterzuentwickeln. Übersetzt in die Welt der deutschen Förderorganisationen: Personenförderung und Strukturbildung zu verbinden.

Bei der Antragstellung für ein Philipp Schwartz-Stipendium, also eine Personenförderung, stehen jetzt nicht die gefährdeten Forschenden, sondern die wissenschaftlichen Gastgebenden im Mittelpunkt. Was auf den ersten Blick kontraintuitiv wirkt und sich von den existierenden Schutzprogrammen aus dem angelsächsischen Raum unterscheidet, ist bis heute genau der passende Ansatz für den Forschungsstandort

Deutschland. Denn nur wenn sich die gastgebende Einrichtung in Deutschland in der Person der Wissenschaftlerinnen oder Wissenschaftler, die die Einladung aussprechen, mit Überzeugung, ihren Netzwerken und Verbindungen und mit klarem Engagement als Integrationshelferin hinter die Person mit Fluchterfahrung stellt, besteht eine realistische Chance, dass die Philipp Schwartz-Stipendiat*innen, häufig genug traumatisiert, im hochkompetitiven deutschen Wissenschaftssystem oder in beruflichen Alternativen Fuß fassen. Insgesamt gehen die Kriterien *Unterstützungsstrukturen der aufnehmenden Wissenschaftseinrichtung, Engagement der gastgebenden Person und fachliche Passung zum Gast* sowie *wissenschaftliche Qualifikation der zu fördernden Person* in die Auswahlentscheidung ein. Damit verortet sich die Philipp Schwartz-Initiative, die eine zweijährige Förderung mit der Option der Verlängerung um ein weiteres Jahr sowie einem Sachmittelzuschuss anbietet, als ein im Kern wissenschaftsbezogenes Programm mit einer humanitären Dimension.

Der Auswahlausschuss im Philipp Schwartz-Programm stützt sich auf Gefährdungseinschätzungen von einschlägig erfahrenen Organisationen wie dem Scholars at Risk Network und dem Council for At-Risk Academics. Diese wiederum beziehen sich auf Eigendarstellungen der Bewerber*innen, Medienberichte, Vorladungen, eigene Expertise. Dabei wird der Grad der Gefährdung nicht in der Auswahlsitzung diskutiert: Entweder jemand wurde von den dafür zuständigen Organisationen als gefährdet eingestuft oder nicht. Damit werden die Ausschussmitglieder von einer Beurteilung entlastet, die sie nicht leisten können. Wohlgemerkt: Entsprechende Gefährdungseinschätzungen sind eine Voraussetzung für die Zulassung der Bewerbung, sie ersetzen nicht die Beantragung eines entsprechenden Aufenthaltstitels bei den zuständigen deutschen Stellen, falls die Bewerbung erfolgreich war.

Über das Stipendienprogramm hinausgehend war auch die Bildung eines Netzwerks mit strukturbildender Wirkung von vornherein in der Philipp Schwartz-Initiative angedacht. Dies geschah in enger Kooperation mit dem Scholars at Risk Network, das weltweit Organisationen vernetzt, welche sich der Unterstützung von Wissenschaftsfreiheit verpflichtet fühlen. Waren bis 2015 nur zwei deutsche Einrichtungen diesem Netzwerk beigetreten, erhöhte sich die Zahl dank der Philipp Schwartz-Initiative bald auf über 30. Die AvH übernahm als Sekretariat der deutschen Sektion des SaR-Netzwerks die Koordination und organisiert seit 2017 einmal jährlich Konferenzen in Berlin, bei denen die geförderten Forschenden, die Gasteinrichtungen sowie Partnerorganisationen aus dem In- und Ausland zu einem Austausch zusammenkommen. Mit der PSI als »Blaupause« für immer mehr Schutzprogramme, die seit 2016 in Europa entstanden, engagiert sich die Humboldt-Stiftung inzwischen auch in EU-Projekten zur Vernetzung entsprechender Akteure europaweit und seit 2022 zusätzlich in der Vergabe von EU-finanzierten Stipendien für geflüchtete Wissenschaftler*innen aus der Ukraine.

Die Person Philipp Schwartz

Vor dem Hauptgebäude des Universitätsklinikums der Goethe-Universität Frankfurt steht seit 2014 eine dreieckige Säule. Unzählige Namen sind darauf gedruckt, die zusammen die Gesichtszüge eines Mannes ergeben: Philipp Schwartz, der Namensgeber des Schutzprogramms der Alexander-von-Humboldt-Stiftung für gefährdete Forschende. Wer war dieser Mann, dessen Schicksal für viele jüdische Wissenschaftler*innen der 1930er-Jahre steht und der dann selbst zu einer Art »Oskar Schindler der Wissenschaft« wurde? Philipp Schwartz war Professor für Pathologie an der Goethe-Universität Frankfurt. Nach der Machtergreifung der Nazis wurde er aufgrund seiner jüdischen Wurzeln fristlos entlassen und floh mit seiner Familie in die Schweiz. Dort gründete er die »Notgemeinschaft deutscher Wissenschaftler im Ausland«, eine Anlaufstelle für vertriebene Wissenschaftler, deren Ziel die Vermittlung vertriebener Wissenschaftler ins Ausland war. Einige Hundert Personen vermittelte Schwartz in die Türkei, wo Kemal Atatürk gerade im Begriff war, das eigene Hochschulsystem zu reformieren und gerne Wissenschaftler aus dem Ausland aufnahm – einer davon Philipp Schwartz selbst, der 1934 einen Lehrstuhl an der neu gegründeten Universität Istanbul übernahm und Direktor des dortigen Pathologischen Instituts wurde. Die Namen auf der Stele in Frankfurt sind die der durch die Notgemeinschaft geretteten Wissenschaftler*innen – gewissermaßen »Schwartzens Liste«. Nach dem Zweiten Weltkrieg blieb ihm die von ihm gewünschte Rückkehr an die Universität Frankfurt als Professor verwehrt. Schwartz emigrierte Anfang der 1950er-Jahre in die Vereinigten Staaten und arbeitete fortan als Pathologe am Warren State Hospital in Pennsylvania. Ab 1967 leitete er dort ein eigenes Forschungsinstitut für Geriatrie. Er verstarb 1977 in den USA. Als die Philipp Schwartz-Initiative Anfang 2016 in Berlin vorgestellt wurde, war die in der Schweiz lebende Tochter, Susan Ferenz-Schwartz, anwesend. Dass die Humboldt-Stiftung das Programm nach Philipp Schwartz benannt hat, hätte ihren Vater gefreut – da war sie sich sicher.

Die Realisierung: Flüchtlingskrise als Window of Opportunity

Mit der Klärung des Programmdesigns gelang es uns Anfang 2015, den Leiter der Kulturabteilung, Andreas Görgen, als Bündnispartner zu gewinnen. Er war es, der den Anstoß zur Namensgebung gab und dann ebenso wie die Leitung der Stiftung selbst im Auswärtigen Amt und im Bundestag für die Programmidee warb. Mit dem Bürgerkrieg in Syrien und dem starken Anstieg der Zahl Geflüchteter in Deutschland bekam das Thema politisch so viel Bedeutung, dass die Einrichtung des Programms beschlossen wurde. Auf der Jahrestagung der Stiftung am 10. Juni 2015 erklärte Außenminister Frank-Walter Steinmeier:[2]

»Zu oft versperren Krieg und Gewalt den Zugang zu Bildung und verhindern einen freien wissenschaftlichen Austausch. Deswegen ist es unsere außenpolitische Verantwortung, uns genau hier noch stärker zu engagieren! … Da ist der deutsche Pathologe Philipp Schwartz, der zur gleichen Zeit (Anm. d. Red.: 1933) in Zürich die Notgemeinschaft der deutschen Wissenschaftler im Ausland aufbaute. … Dass man die deutschen Wissenschaftler aufnahm – in England, in der Türkei, in den USA, in der Schweiz und in vielen anderen Ländern der Erde, das erfüllt uns Deutsche noch heute, 70 Jahre nach dem Ende der NS-Schreckensherrschaft, mit tiefer Dankbarkeit. Es ist uns aber auch Ansporn und Verpflichtung, nun unsererseits Verantwortung wahrzunehmen. Jeder, der die Zeitungen liest und die Nachrichten verfolgt, der weiß: Noch immer gehören Flucht und Vertreibung zu den größten Problemen unserer Zeit. … Für uns ist klar: Wir müssen helfen, dass für diese Generation – und damit für ihr Herkunftsland – eine Perspektive bleibt. … Deshalb möchten wir gemeinsam mit Ihnen, die Sie hier im Namen der Alexander-von-Humboldt-Stiftung versammelt sind, auf diesem Weg weitergehen! Wir wollen eine neue Initiative zur Unterstützung gefährdeter Wissenschaftlerinnen und Wissenschaftler auf den Weg bringen. Die Alexander-von-Humboldt-Stiftung ist aus meiner Sicht prädestiniert dazu, hier eine führende Rolle zu übernehmen … Ich hoffe, dass wir noch im Sommer ein gemeinsames Konzept vorstellen können. Auf unsere Unterstützung jedenfalls können Sie zählen.«

Damit war auch die Entscheidung gefallen, dass das Auswärtige Amt aus dem Bundeshaushalt ab 2016 Mittel für das Programm zur Verfügung stellen wollte. Der Bundeshaushalt aber war noch nicht verabschiedet, Handlungssicherheit für einen Programmstart gab es also nicht. Weil gleichzeitig die Dringlichkeit immer größer wurde, ging die Alexander-von-Humboldt-Stiftung auf eine Reihe von privaten Stiftungen zu, die in einer wohl einzigartigen konzertierten Aktion der deutschen Stiftungslandschaft Starthilfe leisteten: Fritz-Thyssen-, Gerda-Henkel-,

Krupp-, Tschira-, Robert-Bosch- und Mercator-Stiftung, später auch Carl-Zeiss-Stiftung und Verlagsgruppe Springer Nature sowie der Stifterverband für die Deutsche Wissenschaft ermöglichten nicht nur einen »Blitzstart« 2015, sondern auch eine bessere Krisenreaktion nach dem Putschversuch in der Türkei, dem Angriff Russlands auf die Ukraine oder der brutalen Repression der Proteste gegen den Tod der Studentin Mahsa Amini 2022 im Iran. Auch die US-amerikanische Andrew W. Mellon Foundation und Privatpersonen unterstützen die Initiative. Besonders bewegend war ein Brief aus den USA, der völlig überraschend bei der Stiftung einging. Darin hieß es: »Few people today have heard of Philipp Schwartz. Even fewer remain who owe their survival in the Nazi era to his bold offer to build a western-style university in Turkey … When Nazi Germany first occupied Bohemia, and then Prague just before World War II, my father was dismissed from Charles University. Fortunately, the modernized University of Istanbul, whose doors had opened in 1933 on a promise by Schwartz that he would create a world-class faculty by attracting leading European scholars fleeing the Nazi threat, offered my father the chair in biochemistry of its medical school. My parents, my sister, and I left Prague, two weeks after its occupation in March 1939, and found safe haven in Istanbul. At the end of the War in 1945, no one of our family who had remained in Czechoslovakia had survived.« Dem Brief war ein Scheck über 10 000 US-Dollar beigefügt.

Wie erhofft, ging die private Startfinanzierung ab 2016 in eine verlässliche Finanzierung durch das Auswärtige Amt über, das die Initiative auch individuell engagiert unterstützt, etwa durch beschleunigte Erteilung von Visen für in die Förderung genommene Personen.

»PSI-Foren« als Brennglas der Entwicklungen

»Ein Gefühl wie früher in der DDR«, so beschrieb eine Kollegin die Stimmung im Raum zu Beginn des ersten »Philipp-Schwartz-Forums« der AvH. Die ersten Geförderten, Partnerorganisationen aus dem In- und Ausland, Vertreter*innen der aufnehmenden

Hochschulen waren zusammengekommen. An sich eine Standardsituation für die Alexander-von-Humboldt-Stiftung: Das Zusammenführen von Wissenschaftler*innen unterschiedlicher Herkunftsländer und Fachgebiete liegt im Kern ihrer Arbeit. Wir waren daran gewöhnt, dass sich die Magie der zwanglosen internationalen Begegnung fast wie von selbst entfaltete. Auch bei den Philipp-Schwartz-Stipendiat*innen handelt es sich um Wissenschaftler*innen aus unterschiedlichen Herkunftsländern und Fachgebieten. Doch im Unterschied zu den klassischen Humboldt-Stipendiat*innen geht es bei ihnen um alles. Ihr Forschungsaufenthalt in Deutschland ist nicht ein sorgfältig geplanter nächster Schritt einer individuellen Karriereplanung; es geht um eine temporäre Rettung aus einer zum Teil lebensbedrohlichen Situation. Schwer traumatisiert durch das Erlebte, müssen sich die Philipp-Schwartz-Geförderten quasi unmittelbar mit der Frage befassen, was das Leben für sie nach Ablauf der Förderung durch das Schutzprogramm bereithält. Andere Geförderte können daher auch als Konkurrent*innen um die Finanzierung einer nächsten Phase des Aufenthalts in Deutschland wahrgenommen werden. Aus Systemen kommend, in denen Bespitzelung zur Tagesordnung gehört, schwingt häufig zunächst eine Vorsicht gegenüber anderen Geförderten aus dem eigenen Herkunftsland mit: Wie sehr kann ich mich öffnen? Können sich meine Äußerungen gegebenenfalls nachteilig auf die eigene Familie auswirken, die noch im Herkunftsland ist?

Wir mussten uns umstellen auf eine andere Form von Veranstaltung mit strengen Sicherheitskontrollen, mit Teilnehmenden, die statt ihres richtigen Namens ein Pseudonym auf ihren Namensschildern sehen wollten, mit »No-Photo-Zones« und mit dem Gefühl, dass sich unter der Oberfläche ganz viel abspielte, was wir nicht verstanden. Mit diesen Vorkehrungen gelang es dann doch, dass sich zu einem bestimmten Zeitpunkt die Magie der Begegnung einstellte, zumindest unter Teilgruppen. Die seither einmal jährlich stattfindenden Philipp-Schwartz-Foren verzeichnen von Jahr zu Jahr mehr Teilnehmende, zuletzt über 400. Sie sind inzwischen nicht nur der zentrale Ort für die deutschland- und europaweite Community der Schutzprogramme für gefährdete Forschende geworden; sie sind auch ein für die Philipp-Schwartz-Stipendiat*innen essenzieller und geschützter Raum, in dem ihre Belange Gehör finden, wichtige Informationen und Fähigkeiten für den weiteren Weg vermittelt werden, in denen die Geförderten Gleichgesinnte mit vergleichbarer Fluchterfahrung finden, sich verstanden fühlen und Wertschätzung erleben.

Nach neun Jahren: Erfahrungen, Entwicklungen, Erfolge

Inzwischen blickt die Philipp Schwartz-Initiative auf fast eine Dekade der Förderung, der Veränderung, der Enttäuschungen und der Erfolge zurück. Zentrale Erfahrung ist natürlich, wie unglaublich schwer es ist, in einem fremden Land mit fremder Kultur, Bürokratie, Sprache und Schrift Fuß zu fassen. Mit den im deutschen Wissenschaftssystem gängigen Auslandserfahrungen, oft im englischsprachigen Raum, mit klarer Finanzierung und Rückkehrperspektive hat die Situation der Geflüchteten nichts gemein.

Sehr unmittelbar machten wir die Erfahrung, dass eine zweijährige Förderzeit nur selten ausreicht, um sich ausreichend auf den deutschen Arbeitsmarkt vorzubereiten, gerade auch, wenn Traumatisierungen oder die Sorge um Familienangehörige eine Konzentration auf Spracherwerb und berufliche Qualifikation erschweren. Andererseits sind aber auch klare Signale nötig, dass die Förderung zeitlich begrenzt ist und sehr aktiv berufliche Perspektiven erarbeitet werden müssen. Deshalb wurde einerseits ein drittes Förderjahr in das Angebot aufgenommen, andererseits wurde dies von einer hälftigen Mitfinanzierung aus anderen Quellen abhängig gemacht. Das Modell hat sich bewährt, es erhöht die Integrationschancen und etabliert die Eigenverantwortung schrittweise.

Als Nachteil erwies sich aber, dass die Förderung über Stipendien erfolgt. In der ursprünglichen Konzeption, die etwa für die damals beherrschende Situation, den Bürgerkrieg in Syrien, eine baldige Rückkehrperspektive annahm, war die Förderung über Stipendien, die flexibel und unbürokratisch erteilt werden können, steuerfrei sind und Auszeichnungscharakter haben, durchaus folgerichtig. In der Realität aber blieb die Rückkehr meist unmöglich, Anschlussbeschäftigungen ließen sich oft nicht nahtlos sicherstellen. In solch einer Situation ist die Förderung über formale Anstellungsverhältnisse vorteilhaft: Der damit verbundene Sozialversicherungsschutz und Aufenthaltsstatus lassen gegebenenfalls Beschäftigungsunterbrechungen zumindest von einigen Monaten überbrücken. Deshalb entschied sich die AvH zeitweise, auch die Förderung befristeter Arbeitsverträge mit den aufnehmenden Einrichtungen anzubieten, obwohl diese teurer sind (es sind auch Steuern und Sozialversicherungsbeiträge abzudecken) und der Verwaltungsaufwand für die aufnehmende Einrichtung deutlich höher ist. In der aktuellen kritischen Haushaltslage führt dies aber zu einer schwierigen Abwägung: Sollen angesichts der vermehrten Krisen – vor allem in Afghanistan, dem Iran, der Ukraine – eher mehr Förderungen (durch Stipendien) oder weniger, dafür bessere Förderungen (über Arbeitsverträge) angeboten werden? Die große Vielzahl der hilfesuchenden Forschenden ließ der Stiftung letztlich keine Wahl – aktuell werden nur noch Stipendien gewährt.

Bleibt die Frage: Waren wir erfolgreich? Was bedeutet »Erfolg« für die Philipp-Schwartz-Stipendiat*innen? Es gilt ja für alle von ihnen, dass sie andere Ziele verfolgten, bevor die Umstände sie zwangen, ihre Herkunftsländer zu verlassen. Sie ließen zum Teil Dauerstellen, sozialen Status sowie ein Wissenschaftssystem zurück, in dem sie sich zu bewegen wussten, und fanden sich stattdessen in einer prekären Lage im hochkompetitiven und für sie nicht völlig verständlichen Wissenschaftsstandort Deutschland. Entscheidend für den weiteren Erfolg war, wie schnell Personen in der Lage waren, diese neue Situation zu akzeptieren und die eigenen Erwartungen und Ziele daran anzupassen –

und ob sie engagierte Mentor*innen und einfach auch Glück hatten. Die Humboldt-Stiftung erfasst den beruflichen Status der Philipp-Schwartz-Geförderten nach Ende des dritten Förderjahrs – etwa 60 Prozent haben dann eine Anschlussbeschäftigung.

… und heute?

Dass die Philipp Schwartz-Initiative heute nötiger denn je ist, leuchtet unmittelbar ein, wenn man sich die aktuellen Krisen in der Welt vor Augen führt. Und so ist es gut, dass das Programm fest etabliert ist. Zudem hat es »Kinder bekommen«: So etablierte das Auswärtige Amt mit anderen Organisationen nach dem Muster der PSI Programme für Studierende, Journalist*innen und Künstler*innen. Hinzu kommen die oben erwähnten neuen Schutzprogramme in Europa auf nationaler und Gemeinschaftsebene.

Allein in der PSI konnte bis zum Sommer 2024 fast 500 gefährdeten Forschenden, davon rund die Hälfte aus den Geistes-und Sozialwissenschaften, aus 26 Herkunftsländern ein »sicherer Hafen« geboten werden. Über 120 Einrichtungen engagieren sich dafür und haben oft spezielle Strukturen geschaffen, die auch anderen Geflüchteten Unterstützung bieten. Der Erfahrungsaustausch ist in der Deutschen Sektion von Scholars at Risk organisiert.

So schwer jedes einzelne Schicksal ist und auch, wenn für viele Geförderte kein wirklich guter Neustart gelingt, das Programm macht Mut, wie manche Erfolgsgeschichte zeigt. Da war der aus Syrien geflohene, in seiner Heimat sehr etablierte Professor für Maschinenbau, der in einem Altersheim in Karlsruhe jobbte, über einen dort betreuten alten Mann in Kontakt mit einem Wissenschaftler am Karlsruher Institut für Technologie (KIT) kam und dann ein Philipp-Schwartz-Stipendium erhielt. Am KIT machte er die Erfahrung, dass die Verträge vieler deutscher Postdoktorand*innen ausliefen. Dass er selbst gehalten wurde und einen festen Vertrag zur Betreuung eines Labors erhielt, erschien ihm als großes Glück; ebenso, dass seine Tochter inzwischen eine Ausbildung als Erzieherin in Deutschland machte und es kaum fassen konnte, eigenes Geld zu verdienen. Da war die türkische Soziologin und Gender-Forscherin, die zeitweise eine Professur an der HU Berlin vertrat und sich auch in der Öffentlichkeit vehement für Wissenschaftsfreiheit einsetzte. Da war der jemenitische Wasserversorgungsexperte, der an der TU Darmstadt nicht nur sein Fach lehrte, sondern auch wertvolle Einblicke für Studierende mit Berufsziel Entwicklungshilfe gab. Und der ungeheuer stolz auf seine beiden Töchter war, die – tief verschleiert – mit ihm geflohen waren und die er dann, gerade in Deutschland angekommen, für eine Weile in deutsche Familien schickte, damit sie Deutsch lernten. Da trugen sie keine Schleier. Das habe er seiner Frau, die nach wie vor im Jemen lebte, nicht erzählt. Inzwischen studieren beide Töchter in Deutschland Medizin. Und da war der bereits ausgebildete Tiermediziner aus Syrien und Vater von drei Kindern, dem eine Anstellung bei einem Diagnostiklabor in Aussicht stand unter der Voraussetzung, dass er alle Prüfungen für die Zulassung als Tierarzt in Deutschland erfolgreich ablegte, und der dies in einem Wettlauf gegen die Zeit bis zum Ablauf des Stipendiums – und dem möglichen Ende der Aufenthaltsgenehmigung für sich und seine Familie – auch tatsächlich schaffte.[3]

Festzuhalten bleibt: 2015 als Pilot gestartet, hat sich die Philipp Schwartz-Initiative inzwischen zu einem Schutzprogramm eigenen Zuschnitts entwickelt, das europa- und weltweit strahlt. Die Hoffnung, dass sich die Philipp Schwartz-Initiative bald als überflüssig erweisen oder zumindest ein kleines Programm bleiben würde, hat sich leider nicht bewahrheitet. Der stetige Aufwuchs des Programms – durch öffentliche, aber auch durch private Mittel – ist ein Spiegel der immer zahlreicher werdenden globalen Konflikte, die zu unfreiwilliger Migration auch von Wissenschaftler*innen führen. Es bleibt zu hoffen, dass Bundesregierung und Parlament trotz der enormen Haushaltsengpässe die Hilfe für gefährdete Forschende auch weiterhin ungeschmälert möglich machen.

Anmerkungen

1 https://www.forschung-und-lehre.de/zeitfragen/wie-der-krieg-ukrainische-hochschulen-trifft-4770

2 Bulletin der Bundesregierung Nr. 80-3 vom 13.06.2015, https://www.bundesregierung.de/resource/blob/975954/774722/d4873d6f38016da653d093d44e3bbf21/80-3-bmaa-data.pdf?download=1.

3 Vier Schicksale von Philipp-Schwartz-Stipendiat*innen sind auf der Website der Humboldt-Stiftung nachzulesen: https://www.humboldt-foundation.de/entdecken/newsroom/dossier-philipp-schwartz-initiative.

Mubeen Khishany

Ein Iraker stirbt jeden Tag neu

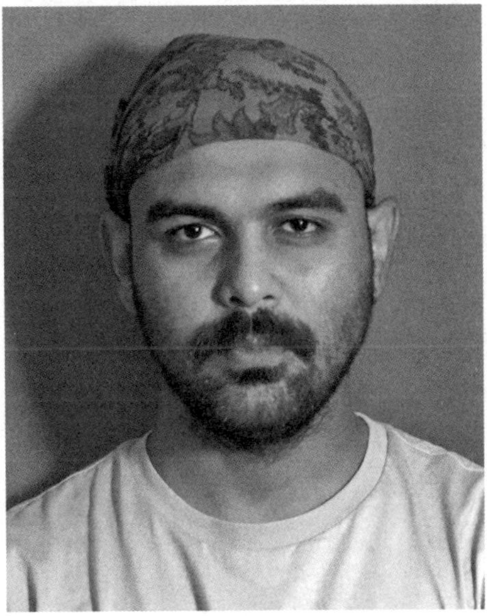

→

Welchen Tag haben wir heute?
Es ist der Tag, an dem ich sterben werde
Es ist der Tag, der täglich wiederkehrt
und an dem ich sterbe

Wogegen hat die Welt mich eingetauscht, dass ich all diesen Schmerz ertragen muss?
Traurigkeit ist mein zweiter Name, mein Anteil am Schatz der Emotionen
Geopfert, die Geschichtsbücher mit Schmerz zu füllen
begrabe ich mich selbst, um ein weiteres Heldenepos zu schreiben
Am Morgen aufzustehen gleicht einer Auferstehung
Ich laufe auf mein Ende zu und mein Schatten eilt mir voraus
Schämt sich die Sonne nicht bei dieser Klarheit?

Denkt an mich, wenn der Wind einen Zweig bewegt und ein unschuldiger Vogel ruft

Ich werde eure Erinnerung an mich brauchen

Man fragt die verlassenen Parks nach mir und sie geben keine Antwort

Ich war ihre leuchtende Blume
doch eine unreine Hand ließ mich erlöschen

und obwohl ich weiß, dass jedes Morgengrauen einen Verrat in sich birgt

bin ich entschlossen, wachsam zu bleiben
Das hindert mich daran zu schweigen
Mit jedem Atemzug spüre ich einen Dolch in meiner Brust

Ich kenne diese Dolche:

Meine Fragen, mein Bedauern, meine Zweifel, doch warum ist mir das Blut fremd, das dabei fließt?

Meine Angst hat sich verändert:

Mich irritiert nicht mehr das Unbekannte, ich fürchte jetzt, was ich weiß
Ich laufe auf mein Ende zu wie einer, der in einem Test die richtige Antwort ankreuzt

In allen Richtungen erwartet mich dieselbe Botschaft:
Wohin du dich auch wendest, dein Tod wird ein irakischer sein
So pflanze ich meinen Traum in eine Wüste
Ich weiß, mein Name steht für Verlorenheit im Fest der Raben
Ich weiß, das Leben, das man mir entriss, war kein Leben

Es war ein langsamer Tod
eine Verabredung mit einem anderen Nichts
in dem ich mein Herz nicht rufen höre

wenn man es unter den aufgehäuften Leichen meiner Brüder ersticken lässt

Nur meinen Herzschlag muss ich noch verlieren und schon ist es geschehen:

Ich bin einen vollkommenen Tod gestorben, erfüllt von der Freude der Märtyrer

Betrogen hat man mich

und auf den Transparenten in den Straßen erscheint der Name meines Mörders.

Aus dem Arabischen von Kerstin Wilsch.

Armin Nassehi

Wie der Fisch an Land

Das Risiko der Distanz und die Gefahr des Ertrinkens[1]

Der Fisch weiß nicht, dass er im Wasser lebt, da sein Leben unmittelbar an das Wasser gekoppelt ist. Ein Fisch an Land weiß auch nicht, dass er (eigentlich!) im Wasser lebt, weil er dann nämlich nicht mehr leben würde. Könnte er einige Zeit außerhalb des Wassers leben und könnte er sich einen Reim auf sein Fischsein machen – identitätspolitisch wäre es seine *Piscität* oder wie immer man es nennen würde, um daraus auch einen Studiengang oder wenigstens eine Anerkennungsforderung zu machen –, würde er womöglich erst an Land feststellen, dass er im Wasser lebt, dass seine ganze Existenz von etwas abhängig ist, dessen er zuvor nicht ansichtig wurde.

Der Fisch an Land wäre gegenüber den Fischen im Wasser im Nachteil, dass er sich völlig neu orientieren müsste, vielleicht seine Piscität, wenn nicht verlieren, so doch variieren müsste. Sein Nachteil freilich beinhaltet einen Vorteil. Er kann sehen, was die Fische im Wasser nicht einmal ahnen: dass sie Wassertiere sind. Ob das ein Vorteil ist, mag fürs alltägliche Leben und für die eigene Sicherheit, für die Kommodheit der eigenen Existenz oder das Gefühl des Aufgehobenseins und des Zusammenhalts, der überall beschworen wird, wenigstens bezweifelt werden. Als kognitive Position freilich ist es ein Vorteil, denn der Fisch an Land sieht mehr als der Fisch im Wasser: nämlich das Wasser und was passiert, wenn man als Fisch das Wasser verliert. Dieser Vorteil freilich ist ans Überleben geknüpft.

Exil auf dem Trockenen

Unschwer lässt sich in dieser Pisciade eine Verbindung zum Exilanten ziehen. Im Exil wird dem Exilanten womöglich noch deutlicher, was er verlassen hat – zumeist ein Eigenes, das zwar ein Eigenes ist, aber für ihn selbst unerträglich, gefährlich, womöglich lebensgefährlich, zumindest nicht mehr selbstverständlich. Würde man es in Begriffen der Migrationsforschung beschreiben, unterliegt der Exilant sowohl *push-* als auch *pull-*Kräften: Kräften also, die ihn einerseits vertreiben und zum Gehen bewegen, und Kräften, die ihn andererseits anziehen, einen Sog erzeugen, eine Verheißung oder eben »nur« Rettung aus einer unmittelbaren Gefahr – sei sie politischer, religiöser, sozialer, rechtlicher oder ideologischer Natur. Wäre der Exilant ein Fisch, er würde spätestens im Exil des Wassers gewahr – was freilich eine abstrakte Simplifizierung ist, denn der Exilant wird bereits vor dem Exil feststellen, dass die Selbstverständlichkeit des umgebenden »Wassers« problematisch geworden ist – trüb, verschmutzt, bedrohlich, gefährlich, fremd, vergiftet, knapp. Bliebe man bei der Fischmetapher, müsste man sich fragen, wie der Fisch an Land kam. Durch ein Fischernetz oder durch einen selbst gewählten Sprung?

Dem Exil jedenfalls wird ein Distanzierungsprozess vorangehen – vielleicht gilt sogar: man muss bereits in einer Art inneren Exils sein, um physisch ins Exil zu gehen. Zu gehen – und das nicht als gewissermaßen regulärer Migrant, der eine bessere Arbeit oder ein sichereres Auskommen, eine neue Erfahrung sucht oder einer Verheißung folgt. Migration, reguläre Migration, die ein Normalfall menschlicher Vergesellschaftung ist, ist tatsächlich ein komplexer Prozess aus *push-* und *pull-* Faktoren, auch etwas, das auf Opportunitätsbedingungen angewiesen ist. Der Blick geht dabei in die Ferne – natürlich im Vergleich zu den inneren Bedingungen zuvor – bezogen auf Arbeitsmärkte, Lebenschancen usw. Idealtypisch gesehen gilt der Blick des Exilanten eher der Nähe, den Bedingungen der eigenen Existenz, die ebenso sichtbar wie unerträglich werden. Es gibt ohnehin einen inneren Zusammenhang zwischen Sichtbarkeit und Unsicherheit. Beim Exilanten sind es wohl eher die *push-* als die *pull-*Faktoren, die wirksam werden. Dem Exilanten wird transparent, was seine ihn Umgebenden womöglich gar nicht sehen: die Bedingung ihrer eigenen (Un)Möglichkeit. Diese Transparenz kann ziemlich belastend sein.

Gerne wird in strittigen Fragen Transparenz eingefordert, wenn sich Unsicherheit, Verdacht, Unbehagen breitmachen. Je mehr Transparenz man freilich genießt, desto weniger stellt sich Sicherheit von selbst ein. Sicherheit ist auch eine Funktion der Möglichkeit, nicht so genau hinsehen zu müssen. Das lässt sich schon daran ablesen, dass es niemals möglich ist, *alles* zu sehen – Sicherheit ist also stets daran gebunden, einem nicht gesehenen Rest zu vertrauen und ihn gewissermaßen vorreflexiv voraussetzen zu können. Sicherheit lebt von Unmittelbarkeit, vom Verzicht auf Reflexion, von einer nicht thematisierten Unterstellung, dass die Dinge sich so verhalten, wie sie sich verhalten. Sicherheit lenkt den Blick um, weg von den Bedingungen der Möglichkeit dessen, was ist. Sicherheit ist das Privileg der Fische im Wasser, die nicht wissen müssen, was Wasser ist, um im Wasser leben zu können. Erst der dem Wasser entfremdete Fisch hat eine Vorstellung von Wasser – und das würde für ihn bedeuten: genau hinsehen zu müssen.

Distanzierungen

Wahrscheinlich ist das, was den Exilanten, den Migranten, den Flüchtling, den Außenseiter miteinander verbindet, die erzwungene oder gewollte Distanzierung zum Eigenen. Übertreibt man die Fischmetapher, wird man sagen können, dass all diese Gruppen, sobald sich eine Bewegung zur Bewegung weg vom Gewohnten abzeichnet, bereits Fischen an Land ähneln. Sie nehmen die Wasserhaftigkeit des Wassers anders wahr als der Fisch, der sich arglos im Wasser bewegt und für den Wasser ein sichtbares Medium bleibt.

Es lohnt sich also, dem Phänomen der Distanz beziehungsweise der Distanzierung auf den Grund zu gehen. Die Soziologie bietet dazu vor allem zwei Perspektiven an: *zum einen* Norbert Elias' Gegenüberstellung von »Engagement und Distanzierung« in seinem gleichnamigen, die wissenssoziologischen Grundlagen seiner Zivilisationstheorie herausarbeitenden Buch; *zum anderen* Alfred Schütz' Idee der wissenschaftlichen Einstellung als einer Einklammerung der Sicherheiten der »naiv-natürlichen Einstellung« des Alltags. Beide arbeiten mit starken Unterscheidungen und sind im weitesten Sinne wissenssoziologische Ansätze.

Norbert Elias hat den Prozess der Zivilisation als einen Prozess beschrieben, in dem Menschen einerseits immer abhängiger voneinander werden, andererseits aber auch eine distanzierte Einstellung zu den anderen und zur Welt zu beobachten ist.[2] Idealtypisch beschreibt er die Form des Wissens in der evolutionären Entwicklung der Gesellschaft, also auch innerhalb des gesellschaftlichen Zivilisationsprozesses mithilfe der Unterscheidung von »Engagement und Distanzierung«.[3] Damit sind nicht einfach unterschiedliche Einstellungen zur Welt gemeint, sondern Formen, die in früheren Sozialformen mehr Unmittelbarkeit voraussetzen konnten. Eine »engagierte« Weltsicht nimmt den unmittelbaren Eindruck der Welt auf und nimmt die Welt, wie sie ist. »Wie sie ist« meint: Sie wird nicht befragt, sondern sie ist die Antwort selbst und man ist gewissermaßen immer schon in der Welt engagiert. Elias beschreibt das vor allem als eine eher emotionale Beziehung zur Welt, also eine, die eben nicht in eine distanzierte Form der methodisch kontrollierten Beobachtung mündet, sondern in eine Unmittelbarkeit, die emotional anspricht. Er beschreibt das nicht nur für die Sozialverhältnisse zwischen den Menschen, sondern auch für Naturverhältnisse und die Deutung von Naturphänomenen, die mit unmittelbarer Bedeutung aufgeladen und damit letztlich Teil der Sozialität selbst sind.

Im Laufe des Zivilisationsprozesses erst entsteht so etwas wie ein Bedarf für Distanz. In der Gesellschaft heißt das: Je arbeitsteiliger und komplexer Lebensformen sind und damit je unterschiedlicher und weniger unmittelbar bekannt die Tätigkeiten der Menschen sind, desto distanzierter müssen sie sich betrachten. Die beiden Hauptbegriffe in Elias' Zivilisationstheorie sind der »Zwang zum Selbstzwang« und die »Selbstkontrolle«. Das Zusammenleben kann sich nicht mehr auf die »engagierten« Formen des Gemeinsamen, des Zusammenhalts, des blinden Einvernehmens, der emotionalen Bindung verlassen, sondern erfordert Distanznahme, also eine gewissermaßen künstliche Form des Zurücktretens.

An der wissenschaftlichen Einstellung lässt es sich deutlich beschreiben. Elias sieht dies zunächst vor allem in der Physik und der Chemie realisiert – beide Denkungsarten, die die Phänomene nicht mehr so nehmen, wie sie unmittelbar erscheinen, sondern wie sie sich mit selbst erzeugten methodischen Mitteln und Vorannahmen aufgrund von akribischer Beobachtung und komplexer Rekonstruktion zeigen. Das Engagement muss zugunsten von Distanzierung zurückgenommen werden – die üblichen kulturkritischen Kritikformen den Wissenschaften gegenüber waren dann auch die eher emotionalisierten, engagierten, ästhetisierten Anschauungsformen: Wie vielfältiger und ausdrucksstärker ist es doch, den Geruch einer Rose wahrzunehmen, als die Struktur der Partikel zu entschlüsseln, die solches Geruchserleben auslösen? Die erste Form ist die engagierte, die zweite die distanzierte – und Ähnliches beschreibt Elias auch für die gesellschaftliche Entwicklung: als eine distanzierte Form, die übrigens keineswegs indifferent für Emotionen ist. Die Amplitude von Emotionen wird vielmehr selbst Gegenstand von Kontrolle – eine »Dämpfung der Triebe« hat er das genannt, die angesichts von kollektivierenden, autoritären Sozialpathologien kompensiert und ausgesetzt wird, insbesondere durch emotionalisierende Elemente des Kollektiven.

Distanzierung – mit ihren zugleich belastenden, aber auch zivilisatorischen Leistungen – erzwingt eine genaue Beobachtung des eigenen Umfeldes. Elias beschreibt, wie sich im Laufe des Zivilisationsprozesses der Blick für den anderen als ein psychologisierender Blick etabliert.

Man darf einen psychologisierenden nicht mit einem emotionalisierenden Blick verwechseln – der psychologisierende Blick ist distanziert, er schätzt das Gegenüber ein, muss die Situation abscannen, befindet sich in einer Situation der Befremdung, während der emotionalisierte Blick jede Distanz aufhebt und in der Situation aufgeht.

Elias (selbst Exilant!) hat die Unterscheidung von Engagement und Distanzierung nicht erarbeitet, um eine besondere Position wie die des Exilanten zu beschreiben, aber diese Unterscheidung ist durchaus hilfreich, um zu erklären, wie sich der Blick ändert, wenn die umgebenden Strukturen zum Thema werden. Elias beschreibt den allgemeinen Zivilisationsprozess als einen Prozess, in dem sachliche Perspektiven auf die Welt sich steigern, in dem also nicht immer schon klar ist, was die Dinge bedeuten, und in dem man damit rechnen muss, dass es unterschiedliche Perspektiven darauf gibt.

Auf die Frage der Distanz beziehungsweise der Distanzierung stießen diese Überlegungen an die Stelle, an der erklärt werden sollte, wie sich die Position des potenziellen Exilanten entwickelt, der dadurch zum Exilanten wird, dass er die Bedingungen der eigenen Möglichkeiten thematisieren muss, weil sie schwinden. Es ist eine innere Form der Distanzierung, die hier einsetzt: Eine Beobachtungsform, die irgendwann nichts mehr für bare Münze nehmen kann, weil sie daraufhin befragt wird, was sie ermöglicht. Der potenzielle Exilant ist derjenige, der zu dieser Distanz genötigt wird, weil er sich nicht mehr auf die »engagierte« Form der Zugehörigkeit verlassen kann, weil er die naiv-natürliche Einstellung, die Dinge so zu nehmen, wie sie vorderhand erscheinen, einklammern muss.

Diese Formulierung weist auf die zweite theoretische Denkfigur hin, die die Soziologie anbietet, um Distanz beschreiben zu können, nämlich die phänomenologisch inspirierte Soziologie, etwa von Alfred Schütz (ebenfalls Exilant!). Unter Bezug auf Edmund Husserl beschreibt Schütz das Alltagsverhalten als eines, das durch seine lebensweltlichen Bezüge von einer natürlichen Einstellung geprägt ist, das sich innerhalb des Referenzrahmens des als gültig Angesehenen bewegt.[4] In einer solchen

Einstellung kann der Alltagshandelnde weitgehend auf Reflexion verzichten und hält die Verhältnisse für letztlich unproblematisch – und wo sie problematisch werden, stehen alltägliche Reparaturstrategien zur Verfügung, die selbst wieder veralltäglicht werden.

Interessanterweise testet Schütz eine Abweichung von dieser Alltäglichkeit ähnlich wie Elias am Beispiel der wissenschaftlichen Einstellung, die die Welt eben nicht so voraussetzen kann, wie sie einem naiven Blick erscheint. Die wissenschaftliche Einstellung klammert die »Realität« ein. Sie misstraut der Evidenz des Alltags, sie ist gewissermaßen misstrauischer, sie kann sich nicht auf jene Sicherheit verlassen, die in der alltäglichen Einstellung herrscht. Sie sieht nicht nur anders, sie kann auch einen Zusammenhang zwischen der eigenen Perspektive und dem herstellen, was man sehen kann. Der naive Alltag ist zwar nicht perspektivenfrei, aber er kann das weitgehend ausblenden. In ihm bewegt man sich wie der Fisch im Wasser, der keinen Begriff von Wasser hat, für den das Wasser die Welt ist. Erst wenn man des Wassers gewahr wird, ändert sich letztlich alles, weil man die Distanz zum Gegenstand genau genommen nie wieder verlieren wird.

Belassen wir es zunächst bei dieser begrifflichen Bestimmung oder eher Andeutung. Die beiden genannten theoretischen Perspektiven beschreiben Distanz beziehungsweise Distanzierung einerseits als einen evolutionären, gesellschaftsgeschichtlichen Prozess, andererseits als eine besondere Einstellung zu den Dingen. In beiden kommt die wissenschaftliche Einstellung als eine besondere Perspektive vor. Die wissenschaftliche Einstellung sei hier aber nur als eine Parabel verwendet, als eine Parabel darauf, was sich an der Welt ändert, wenn man sich von ihr entfremdet. Von Wissenschaft wird Evidenz erwartet – oder man hätte gerne evidenzbasiertes Wissen. Doch Wissenschaft zerstört zunächst Evidenz. Um eine Formulierung von Niklas Luhmann aufzugreifen, transformiert Wissenschaft zunächst »Erfahrungen und Evidenzen in Probleme«[5]. Wissenschaft ist also eine Parabel dafür, das Erwartbare, das »Normale«, das Typische in eine Problemform zu bringen. Sie tut das, indem sie den üblichen Evidenzen misstraut – und

Ähnliches widerfährt dem potenziellen Exilanten, dessen Erfahrungen und Evidenzen, also das, was sein Leben zuvor ausgemacht hat, zu einem *Problem* werden. Man muss sich das wohl so vorstellen, dass es nicht einfach darum geht, dass irgendwelche Erwartungen enttäuscht werden, sondern dass sich die Welt als Welt verändert: in dem Sinne, dass der Weltbezug von einem grundlegenden Zweifel geprägt ist und man sich nicht mehr auf das verlassen kann, was zuvor galt.

Das Phänomen der Distanz ist dafür wohl die entscheidende Kategorie. Man kann Distanz als eine anthropologische Kategorie behandeln – etwa im Sinne der exzentrischen Positionalität, die es dem Lebewesen Mensch erlaubt, sich selbst zum Thema zu machen.[6] Man kann auch den gesellschaftsgeschichtlichen Prozess als einen Prozess zunehmender Distanzierungsmöglichkeiten betrachten, und man kann Distanz als einen Parameter gesellschaftlicher Komplexität ansehen, der notwendigerweise zu einer Individualisierung von Beobachterpositionen führt. In all dem ist die Grunderfahrung des Exilanten angelegt, die Distanz nicht mehr so managen zu können, dass ein Leben im Gewohnten weiterhin möglich erscheint.

Die Distanz des Exilanten

Vielleicht kann man gesellschaftliche Ordnung im modernen Sinne so verstehen, wie trotz der voraussetzungsreichen und komplexen Formen des Zusammenlebens ein erwartbares Leben möglich ist. Talcott Parsons hatte, darauf habe ich schon öfter hingewiesen,[7] stets betont, dass Handeln und gesellschaftliche Ordnung nur möglich sind, wenn es so etwas wie ein blindes, er nennt es latentes Einvernehmen über die wesentlichen Grundlagen des Zusammenlebens gibt. Er meint damit Werte, Bedeutungen, auch die Auslegung von Alltagsselbstverständlichkeiten, Formen der wechselseitigen Anerkennung, wenn man so will: der Verhandlung entzogene Bedingungen aller Verhandlungen. Schon die gemeinsame Sprache und der Rekurs auf »kulturelle« Selbstverständlichkeiten sind eine Grundlage, die dem eigenen Handeln weitgehend entzogen ist, auch dem eigenen Sprechen. Als krisenhaft werden Situationen erlebt, in denen diese Grundlagen infrage gestellt werden (müssen).

Will man die Existenz des Exilanten verstehen, muss man selbstverständlich die politischen, die religiösen, die rechtlichen Gründe kennen, die jemanden in ein Exil zwingen. Aber der Wechsel des Ortes ist kein vollständiger Wechsel. Der Exilant nimmt seine Herkunft mit – sie wird womöglich noch relevanter, weil im Exil andere Bedingungen herrschen, andere politische, andere rechtliche, andere kulturelle, andere sprachliche, auch andere ästhetische oder olfaktorische. Der Exilant ist nicht weg, sondern nur woanders. Ihm wird erst recht deutlich, was man verlieren kann – und im Vorfeld der Exilierung werden – durch welche Auslöser und Erfahrungen auch immer – die Bedingungen seiner eigenen sozialen Existenz nicht nur sichtbar, sondern auch unerträglich – und später wird unerträglich, wenn der Exilant womöglich an sich selbst merkt, wie sehr er exakt von jenen Grundlagen geprägt ist, die ihm selbst zum Problem geworden sind. Der politische Exilant nimmt die Konflikte seiner Heimat mit ins Exil, der literarische Exilant seine Sprache und der religiöse die Grundlage seines eigenen Glaubens. Der Exilant – so sagt es schon das Wort – bleibt in der Fremde. Als regulärer Migrant wäre er jemand, der in der Fremde eine neue Heimat findet, der Exilant definiert sich selbst als Fremder.

Man nehme diese Sätze nicht als empirische Beschreibung von konkreten Fällen, sondern als eine idealtypische, eine begriffsanalytische, als eine strukturelle Beschreibung eines Typus, den man dann in un terschiedliche Richtungen ausbauen kann: Man könnte, wie es für Migranten unterschiedlichen Typs geschieht, den Exilanten als einen privilegierten Beobachter beschreiben, der die Welt aus mindestens zwei Perspektiven kennt und deshalb besonders zu Innovationen fähig ist. Für diese Denkfigur gibt es in der Geschichte der Migrationsforschung eine lange Tradition, beginnend mit der Figur des »marginal man« von Robert Ezra Park, der den Migranten als Wanderer zwischen den Welten sah und ihm eine besondere Kreativität zusprach.[8] Oder man könnte den Exilanten als einen Hinweis darauf verwenden, wie sehr unsere Existenz trotz aller individuellen Selbstbeschreibung an äußere Bezugspunkte gebunden ist, eben an das, was das Wasser für den Fisch ist. Beide Beschreibungen können zutreffen, und beiden haftet eine fast romantische Idee an: im ersten Fall die des epistemologischen Privilegs, im zweiten die einer kaum überwindbaren Gebundenheit auch oder gerade im Moment höchster Entfremdung.

Ich schreibe diesen Text in den Tagen des schon jetzt epochal genannten Gefangenenaustauschs von verurteilten russischen Verbrechern im Westen und inhaftierten politischen Gefangenen in russischen Gefängnissen oder Arbeitslagern. Man achte auf die Asymmetrie der Beschreibung. Nachhaltig beeindruckend fand ich die auf einer Pressekonferenz nach dem Austausch zu hörende Einschätzung eines der Ausgetauschten, nämlich von Ilja Jaschin, verurteilt zu acht Jahren Strafkolonie wegen »Diskreditierung der Armee«, der sich explizit *gegen* ein mögliches Exil ausgesprochen hat. Auf der Pressekonferenz sagte er: »Das war kein Austausch – ich wurde illegal gegen meinen Willen aus Russland abgeschoben.«[9] Jaschin spielte sofort mit dem Gedanken, unmittelbar nach der Ausreise nach Ankara ein Rückflugticket nach Russland zu buchen – ähnlich wie zuvor Alexej Nawalny, der das mit dem Leben bezahlt hat.[10]

Man sieht an diesem Beispiel, wie sich Nähe und Distanz, Engagement und Distanzierung vermischen, wie die Figur des Exilanten auf dieses ungeklärte Verhältnis zwischen diesen beiden Seiten verweist. Und in diesem Sinne sei nun die Perspektive gewechselt. Der Exilant als empirische Figur verweist nämlich auf etwas, das für die Vergesellschaftung des modernen Menschen geradezu konstitutiv ist. Um noch einmal die Unterscheidung von Norbert Elias aufzunehmen, erzeugen modernere Verhältnisse, in seinem Sinne Verhältnisse im Laufe des Zivilisationsprozesses der Menschheit, mehr Distanzierungsmöglichkeiten und Distanzierungsnotwendigkeiten im Vergleich zu kompakteren Lebensverhältnissen. Moderne komplexe Gesellschaftssysteme zeichnen sich dadurch aus, dass sie den Menschen und seine Zugehörigkeiten zwar nicht unbestimmt lassen, aber im Vergleich zu kompakteren Lebensverhältnissen unbestimmter. Das bedeutet, dass Leben als Kette individueller Entscheidungen gelebt werden müssen, dass überhaupt Entscheidungen zwischen Alternativen getroffen werden müssen. Die Volatilität einer modernen Gesellschaft lässt das Individuum gegenüber anderen Individuen und gegenüber anderen Möglichkeiten hervortreten und erzeugt einen Raum von Unbestimmtheit, den man im weitesten Sinne »indeterministisch« nennen kann.[11] An anderer Stelle habe ich die moderne Gesellschaft als eine Gesellschaft bezeichnet, die Lücken lässt, Lücken der Freiheit – nicht verstanden als das normative Programm eines politischen Liberalismus, sondern als die Nicht-Festgelegtheit von Möglichkeiten, als Offenheit von Prozessen, als Ergebnisoffenheit von Diskursen, als Gegenwartsorientierung allen Geschehens.[12] Dass diese Offenheit stets durch Pfadabhängigkeiten, Gewohnheiten usw. eingeschränkt ist, versteht sich von selbst. Aber ein solcher Typus von Gesellschaft lässt aus prinzipiellen Gründen Lücken – die dann durchaus gefüllt werden, aber dazu später.

Kulturkritik

Diese Lücken erzeugen Distanz zu sich selbst. Die Analysen dazu sind Legion – als hoher Grad von Arbeitsteilung wurde das diskutiert, als liberale Idee von Freiheit, als Individuierung und Individualisierung, als methodische Lebensführung. Und zugleich war dieser Gewinn an Optionen auch als Kritik am Verlust eindeutiger Sozialbezüge Gegenstand vielfältiger, nicht nur konservativer Kulturkritik, die die Möglichkeiten der modernen Welt als Schein und Uneigentliches abtun. Die Liste der Autoren reicht vom Gegenaufklärer Joseph de Maistre bis zu Oswald Spengler und José Ortega y Gasset bis Heidegger und Ernst Jünger. Aber kulturkritische Motive finden sich auch bei Nietzsche und Sigmund Freud, bei Max Weber und später bei Adorno. Man kann es bei diesem Name-Dropping belassen[13] – auch weil es hier nicht darum geht, moderne Kulturkritik ausführlich zu kommentieren.

Aber das Gemeinsame aller kulturkritischen Kommentierung lässt sich recht einfach benennen: Es ist die Überforderung mit dem modernen Leben, die ungeheure Differenz zwischen den Kontinuitätsansprüchen einer menschlichen Lebensform und seiner psychischen Leistungsfähigkeit einerseits und der Volatilität und Differenziertheit, der Uneindeutigkeit und der Ambiguität aller gesellschaftlichen Verhältnisse. Paradigmatisch kommt das sicher in Sigmund Freuds »Das Unbehagen in der Kultur« zum Ausdruck. Freud sagt wörtlich, in einem »kleinen Kulturkreis« sei es noch möglich, den Aggressionstrieb durch »Befeindung der Außenstehenden« im Zaum zu halten und so soziale Innenkohäsion zu ermöglichen. In größeren Sozialverbänden, in komplexen modernen Gesellschaften sei das kaum der Fall.[14] Es ist dies ein Motiv, das den Überforderungsbefund repräsentiert, eine Überforderung der Moderne mit sich selbst – und das Maß, an dem gemessen wird, ist dann wohl so etwas Ähnliches wie eine unsichtbare Form der Kollektivität, der Zugehörigkeit und der Konsistenz der Lebenselemente. Während die rechte und konservative Kulturkritik den Verlust vormals (angeblich) unproblematischer Welten und Weltbezüge beklagt, findet man eher links Entfremdungsdiagnosen vor, die ebenfalls wenigstens die Idee eines nicht entfremdeten Lebens haben müssen. Übrigens reiht sich heute das, was als Frage der »Resonanz« und Verlust von Resonanzerfahrungen diskutiert wird, auch in diese kulturkritische Tradition ein[15] – für Linke und Linksliberale aber besser auszuhalten, weil es letztlich die alten kulturkritischen Sehnsüchte aufnimmt, aber politisch unverdächtig auf den Begriff zu bringen in der Lage ist. Am Ende ist es dann aber doch nur Kulturkritik als Programm für die gesellschaftskritischen Stände, aber keine Gesellschaftsanalyse.

All den kulturkritischen Gesten ist gemein, dass sie die Fische auf das Wasser aufmerksam machen – oder besser darauf, dass das Wasser nicht unsichtbar bleibt. Alle Kulturkritik im Gestus der Kritik einer modernen Gesellschaft mit ihren Unbestimmtheiten, Unkoordiniertheiten, Ambiguitäten und Widersprüchen setzt an einer tatsächlichen Erfahrung an: an den Lücken, die die Gesellschaft lässt, und an der Unmöglichkeit kompakter Lebensverhältnisse. Die wenigsten dieser Kritiken werden kompakte Lebensverhältnisse *in concreto* zurückwünschen, aber genau genommen ist dies ihr normativer, vielleicht eher ihr latent bleibender Horizont – gewissermaßen eine letzte Idee quasinatürlicher, wenigstens angemessener, man sagt wohl »menschengemäßer« Verhältnisse. Es ist der Versuch, die Wasserqualität zu verbessern.

Meine Argumentation führt damit – zugegebenermaßen über Umwege – zurück zur Situation des potenziellen Exilanten, der an sich auf eine extreme Weise erlebt, was es bedeutet, die Grundlagen der eigenen Existenz zu verlieren, und zwar die Grundlage dafür, den grundlegenden Strukturen zu trauen, die sein Leben tragen. Ins Exil geht man dann, wenn man sich nicht mehr auf die einfachsten Bedingungen des Lebens in einem gesellschaftlichen Umfeld verlassen kann und man selbst nicht mehr daran vorbeikommt, dies zu thematisieren – vor sich und vor anderen. Historisch hatten die Menschen oft keine Wahl und mussten ins Exil gehen, schlicht um zu überleben. Es gab aber auch die vielen Fälle sogenannter »innerer Emigration«, also der Anpassung an eine Situation, ohne sich zum Komplizen zu machen – für die Zeit des Nationalsozialismus denke man etwa an die Schriftstellerinnen Elfriede Brüning oder Ricarda Huch, auch an Erich Kästner oder den deutsch-schweizerischen Philosophen Karl Jaspers, der durchaus die Möglichkeit hatte, in die Schweiz zu gehen, dessen jüdische Frau aber von den Nazis keine Ausreiseerlaubnis erhielt. Einer KZ-Haft entkam er am Ende nur, weil die US-Armee früh genug Heidelberg einnahm.

Exil im Wasser

Der innere Emigrant lebt im selben Wasser wie alle anderen, aber er kann das Wasser wie potenzielle Exilanten vor der Exilierung sehen –

er muss permanent auf die Bedingungen seiner eigenen Möglichkeit achten und muss deshalb anders leben, nämlich im Wasser und angesichts des Wassers. Ich konstruiere die Geschichte so, um zu zeigen, dass der Exilant als metaphorische Figur einen Punkt trifft, der das Selbstverhältnis moderner Gesellschaften durchaus auf den Begriff bringt. Kulturkritik hat die Moderne stets begleitet, mit welchen Motiven auch immer und auch aus unterschiedlichen politischen und normativen Perspektiven. Gemein ist all diesen Perspektiven aber, dass sie in eine merkwürdige Distanz zu den Selbstverständlichkeiten der Welt treten. Sie weisen die Fische auf ihre *Piscität* hin, also auf das Wasser, das ihnen dieses Leben ermöglicht, das sie führen. Kulturkritik ruft zu einer Art innerem Exil auf, zu einer Art innerer Emigration, indem sie auf Formen des Unbehagens aufmerksam macht, die nicht einfach Launen sind oder durch konkrete Entscheidungen oder den Triumph eines Willens negiert werden können. Aufklärung in diesem Sinne würde bedeuten: in Distanz zu den Selbstverständlichkeiten zu treten und, um meinen Begriffsvorschlag noch einmal aufzunehmen, die *Lücken* zu berücksichtigen, die Uneindeutigkeiten, die Spielräume.

Was als Krise erlebt wird, ist oft genau das, was moderne Kulturkritik insinuiert: Überforderung, Elitenkritik, Skepsis gegenüber den Sprichwörtern, mit denen man sich einen Reim auf die Dinge macht. Gegenwärtiges Krisenerleben kommt vor allem in Form von Loyalitätsverweigerung zum Ausdruck, vor allem politischen, wissenschaftlichen und kulturellen Eliten gegenüber. Es wäre nun eine Überinterpretation, gegenwärtige Loyalitätsverluste gesellschaftlichen Institutionen und Eliten gegenüber, Zweifel an der Kompetenz von Regierungen und öffentlichen Sprechern, auch die Maßlosigkeit in der Kritik an Entscheidungsträgern auf eine Stufe mit der Distanzleistung jener inneren Emigranten und Exilanten zu stellen. Das wäre nicht nur naiv, sondern auch normativ zweifelhaft. Aber es ist schon einen Gedanken wert, wie sehr gegenwärtige Kulturkämpfe um buchstäblich alles die Wasserhaftigkeit des Wassers sichtbar machen – oder besser: die grundlegenden Bedingungen gesellschaftlicher Ordnung infrage stellen. Was einerseits eine kognitive Kompetenz ist, den klaren Unterscheidungen der alltäglichen Trägheiten zu entkommen, kann andererseits schlicht der Verlust jener Unsichtbarkeit des umgebenden Wassers sein, das diese Trägheit erst erlaubt.

Der gesellschaftlichen Moderne ist, wie oben schon angedeutet, gerade wegen der Lücken, die sie lässt, wegen der strukturellen Unbestimmtheit und Ergebnisoffenheit ihrer Prozesse anstrengend. Letztlich hat sie immer wieder *gegen* ihre eigene Struktur versucht, kompensatorisch konsistente Container herzustellen, Wasserbehälter gewissermaßen, die die innere Differenziertheit und jene Lücken aushaltbar machen sollten. Es waren zumeist Formen kollektiver Selbstbeschreibungen – als kulturelle Narrative, als politischer Nationalismus, in Form von kollektivierenden Ideologien. Man kann gerade die ethnisch-nationalen Semantiken der Moderne als kompensatorische kulturelle Formen beschreiben, die fast gewaltsam etwas Gemeinsames, etwas Gemeinschaftliches stiften wollten, das gesellschaftsstrukturell gar nicht vorgesehen ist. Solche Kollektivierungen sind genau genommen Ersatzphänomene – sie simulieren den Fischen ein einerseits unsichtbares Wasser durch sichtbare Chiffrierungen ihrer *Piscität*. Die gesellschaftliche Moderne begann mit extremen Differenzierungsprozessen auf der sachlichen Ebene als funktionale Differenzierung einerseits, als Form einer abstrakten Kollektivierung in Form ethnischer, nationaler und ideologischer Narrative andererseits. Wahrscheinlich kann man die Moderne kaum anders als in dieser Doppelgesichtigkeit verstehen. Auch dagegen opponieren Exilanten und innere Emigranten, die sich dem Aufforderungscharakter dieser kollektivierenden Formen entziehen.

Es gelang der westlichen gesellschaftlichen Moderne vielleicht nur in jenem »Goldenen Zeitalter« (Eric Hobsbawm) nach dem Zweiten Weltkrieg, jene kollektivierenden Formen zurückzufahren, weniger extrem zu bewirtschaften. Vielleicht muss man sich eingestehen, dass in den gegenwärtigen Polykrisen die Formen der kollektiven Zugehörigkeiten, der kollektivistischen Kompensationen von Komplexität, die nationalistischen und kulturellen und ökonomischen Protektionismen wieder stärker werden. Für die einen ist es jenes Wasser, das die klassische Kulturkritik und ihre Motive wegkompensiert, für die anderen Anlass für die innere Emigration und ein Exil, für das man kaum mehr ein Außen findet, das man aufsuchen könnte. Dass die klassischen politischen Exilanten vor allem und stets vor den Ausläufern solcher Kollektivismen geflohen sind, ist offensichtlich kein Zufall. Für uns Deutsche ist einer der paradigmatischen Fälle der ins Exil getriebene Jude.

»Aufhören, Jude zu sein«

Deshalb möchte ich am Ende meiner Überlegungen auf diese Lücke kollektivierender Narrative hinweisen – es ist die Figur des Jüdischen in der Geschichte der westlichen Moderne. Nach meinem Dafürhalten besteht die Funktion des anlasslosen Hasses auf das Jüdische in einem problematischen Selbstverhältnis gerade kollektivierender Zugehörigkeitszumutungen. Schon der christliche Antijudaismus hatte mit einem besonderen Selbstverhältnis zu tun, nämlich damit, dass Christen einerseits durch Anerkennung des Jesus als Christus das Jüdische überwunden glaubten, das aber letztlich nur als Juden konnten. Das vielleicht bekannteste Zeugnis dafür ist der Römerbrief, in dem Paulus 56 n. Chr. die römischen Gemeinden gerade auf die gemeinsamen Wurzeln des Jüdischen und des Christlichen unter dem einen Gott hinweist (Röm 11,25–36). Der christliche Antijudaismus hat die gesamte christliche Religionsgeschichte als etwas begleitet, das eine merkwürdige innere Innen-Außen-Differenz bewirtschaftet hat.[16]

Am deutlichsten wird das am modernen, bürgerlichen Antisemitismus, vor allem an der Feindschaft gegenüber jenen bürgerlichen, assimilierten Juden, deren Provokation darin bestand, dass sie sich von einem imaginierten kollektiven »Wir« nur dadurch unterscheiden, dass sie jüdisch sind. Das maßgebliche Zeugnis dafür ist Richard Wagners Pamphlet *Das Judenthum in der Musik* von 1869, das er vor allem im Kontrast zu Felix Mendelssohn Bartholdy im Hinblick auf eine »deutsche« Kunst geschrieben hat. Er wirft Musikern wie dem evangelisch getauften Mendelssohn Bartholdy, Enkel des Philosophen Moses Mendelssohn, vor, keine wirkliche Kunst, sondern nur ein Nachkünsteln zu vermögen. Es ist hier nicht der Ort, Wagners Schrift detailliert zu rekonstruieren, aber es ist vor allem ein Motiv zu betonen. Mit Mendelssohn Bartholdy hat Wagner, dessen eigene Opern übrigens keinerlei antisemitische Elemente enthalten,[17] jemanden im Blick, der geradezu als ein Symbol für deutsche Bürgerlichkeit herhalten kann. Ohne Mendelssohn Bartholdy wären die Bach'schen Kantaten und Passionen im 19. Jahrhundert nicht wiederentdeckt worden, die bürgerliche, an Musik, Bildung, Salons und kulturellen Diskursen orientierte Lebensform wurde in der Familie Mendelssohn geradezu paradigmatisch repräsentiert.

Wagner ist davon fasziniert – seine kulturkritische Attitüde aber betont, dass diese Form des »Gekünstelten« letztlich eine Kunst sei, die ihre eigene Basis im »Volk« verloren hat. Er schreibt: »Der wahre Dichter, gleichviel in welcher Kunstart er dichte, gewinnt seine Anregung immer nur noch aus der getreuen, liebevollen Anschauung des unwillkürlichen Lebens, dieses Lebens, das sich ihm nur im Volke zur Erscheinung bringt. Wo findet der gebildete Jude nun dieses Volk?«[18] Stärker kann man das *eigene* Selbstverhältnis nicht chiffrieren, wie Wagner es hier vorführt: Selbst Teil der bürgerlichen, gebildeten künstlerischen Elite entstammend, kritisiert er deren mangelnde »Resonanz« mit dem Volk an einer Figur, die ihm letztlich ähnlicher nicht sein könnte: dem Juden Mendelssohn Bartholdy, dem genau genommen seine Gleichheit vorgeworfen wird.

Wagner braucht die Distanzierung vom Juden, um die Selbstdistanzierung auf den Begriff bringen zu können, er konstruiert eine Distanz, die es ihm ermöglicht, sich als Teil eines Kollektivs zu wähnen, in dem er selbst eine durchaus elitäre Stellung bekleidet. Wagners Pamphlet gipfelt in der Aussage, der Jude sei gar nicht in der Lage, ein authentisches ästhetisches Zeugnis abzulegen, er könne sich der eigentlichen Sprache des Volkes nur parasitär bedienen – heute sagt man wohl: als *kulturelle Aneignung*. Deshalb gilt für ihn: »Gemeinschaftlich mit uns Mensch werden, heißt für den Juden aber zu allernächst so viel als: aufhören, Jude zu sein.«[19]

Man darf diese Sätze nicht vor dem Hintergrund der Shoah lesen – sie zielen nicht auf die physische Vernichtung, auf die Eliminierung der Juden, aber auf die Eliminierung einer *Lücke*, die im Juden symbolisch sichtbar wird. Die Figur des Juden dient dazu, das Eigene sagbar zu machen – und das gilt für die unterschiedlichsten Antisemitismen. Es gilt für den bürgerlichen Antisemitismus bis heute, es gilt für den rechten Antisemitismus, der das Jüdische ethnisiert und rassifiziert, es gilt auch für den linken Antisemitismus, der an den geldkritischen Vorurteilen und der als Antizionismus alles hasst, wofür Israel steht: Kapitalismus, technische Leistungsfähigkeit, liberaler Pluralismus und Nähe zu den USA. Gerade Letzterer feiert derzeit fröhliche Urständ (manchmal auch in Kombination mit einem speziell muslimisch-arabischen Antisemitismus) und macht die Verbindung von ungeklärtem Selbstverhältnis und der Instrumentalisierung des Jüdischen besonders deutlich. Und nicht unerwähnt soll bleiben, dass auch ein unkritischer Philosemitismus und eine »unbedingte«, also kriterienfreie Solidarität mit Israel eine ähnliche Funktion hat, mit dem inneren Pluralismus des Eigenen klarzukommen.

Ich erwähne den Antisemitismus am Ende meiner Überlegungen deshalb, weil sich an ihm besonders deutlich zeigen lässt, wie unwahrscheinlich ein unproblematisches Selbstverhältnis vor allem für die ist, die auf kollektivierende Ersatzzugehörigkeiten, auf ideologische Selbstfestlegungen, auf kompensatorische Formen des Gemeinsamen setzen. Der Jude ist der Ähnliche, der anders sein muss, um das Ähnliche sich selbst gleich zu machen. Anders als der äußere Fremde ist der Jude als innerer Fremder Symbol dafür, dass das Eigene nicht erreichbar ist, ohne sich zu verlieren. Kollektivierende Selbstbeschreibungen sind schwere Wasser, sie simulieren mehr Kohäsion, als allen Beteiligten guttut – und opponieren gegen eine Differenziertheit der modernen Welt, die sie nicht erreichen, nur wegkompensieren können. Diese Kollektivierungen zwingen das Andere ins Exil, weswegen auch der akzeptierte Jude, der bleibt und bleiben kann, immer ein innerer Fremder bleibt, vor allem wegen seiner Ähnlichkeit. Der jüdische Fisch kann das Wasser sehen, er weiß, dass er im Wasser lebt, gezwungenermaßen. All diese Kollektivierungen aber, die Zumutungen der unbedingten Zugehörigkeit, die Kompensationen von Lücken schaffen es sogar, dass Fische im Wasser ertrinken können. Man muss sie trockenlegen, damit die Fische leben können. Es ist die Quadratur des Kreises.

Anmerkungen

1 Ich danke Peter Felixberger für wertvolle Hinweise zur Gesamtkomposition des Textes.

2 Norbert Elias: »Zusammenfassung: Entwurf zu einer Theorie der Zivilisation«, in: ders.: *Über den Prozess der Zivilisation*, Bd. 2. Frankfurt am Main 1980, S. 312–454.

3 Norbert Elias: *Engagement und Distanzierung. Arbeiten zur Wissenssoziologie I.* Frankfurt am Main 1983.

4 Vgl. Alfred Schütz: *Gesammelte Aufsätze. Band 1: Das Problem der sozialen Wirklichkeit.* Den Haag 1971, S. 238–262.

5 Niklas Luhmann: *Die Wissenschaft der Gesellschaft*. Frankfurt am Main 1990, S. 427.

6 Vgl. Helmut Plessner: *Die Stufen des Organischen und der Mensch. Einleitung in die philosophische Anthropologie* (1928). Berlin, New York 1975.

7 Vgl. dazu Armin Nassehi: *Unbehagen. Theorie der überforderten Gesellschaft*. München 2021, S. 255 ff.

8 Vgl. Robert Ezra Park: »Human Migration and the Marginal Man«, in: ders. (Hg.): *Race and Culture*. New York 1964, S. 345–356.

9 Vgl. dazu *Spiegel online* vom 03.08.2024, https://www.spiegel.de/ausland/gefangenenaustausch-mit-russland-ich-wurde-illegal-gegen-meinen-willen-abgeschoben-a-213fd33b-0d7e-4349-8479-aeb71822e456.

10 Vgl. dazu den Beitrag von Jens Siegert in diesem *Kursbuch*.

11 Vgl. zu dieser begrifflichen Figur Julian Müller: *Bestimmbare Unbestimmtheit. Skizze einer indeterministischen Soziologie*. München 2015.

12 Vgl. Armin Nassehi: *Gesellschaftliche Grundbegriffe. Ein Glossar der öffentlichen Rede*. München 2023, S. 55 ff.; vgl. auch Armin Nassehi: *Unbehagen. Theorie der überforderten Gesellschaft*. München 2021, S. 238 ff.

13 Als Überblick vgl. Ralf Konersmann: *Kulturkritik*. Frankfurt am Main 2008; Georg Bollenbeck: *Eine Geschichte der Kulturkritik. Von Rousseau bis Günther Anders*. München 2007.

14 Sigmund Freud: »Das Unbehagen in der Kultur« (1930), in: ders.: *Das Unbehagen in der Kultur und andere kulturtheoretische Schriften*. Frankfurt am Main 1994, S. 29–108, hier S. 78.

15 Hartmut Rosa: *Resonanz. Eine Soziologie der Weltbeziehung*. Berlin 2018.

16 Vgl. dazu David Nirenberg: *Anti-Judaismus. Eine andere Geschichte des westlichen Denkens*. München 2015.

17 Vgl. Dieter Borchmeyer: »Richard Wagners Antisemitismus«, in: *Aus Politik und Zeitgeschichte* 63, 21–23 (2013), S. 23–29.

18 Richard Wagner: *Das Judenthum in der Musik*. Leipzig 1869, S. 19.

19 Ebd., S. 34.

Zmicier Vishnioŭ

Geschichten

→

1.

Den Helden aufschneiden. Nachgucken, aus welchem Teig, Verzeihung, Fleisch er ist. Die Traditionen der Menschenfresser in Erinnerung rufen und ein Stück von ihm in einer Pfanne braten. Probieren. Was ist denn heroisch an diesem Geschmack? An diesem Stück? Womöglich zart wie ein Ferkelchen und süß. Nicht mal ein leiser Mief von Heldentum. Viel Blut und Schleim. Und vielleicht explodiert das heroische Stück in der Pfanne? Vielleicht ist er eine Art Dynamit? Wer weiß das schon? Man muss versuchen, ein Stück des Helden zu braten. Schließlich werden sie nicht jeden Tag präpariert.

2.

In meiner Brust knarzt eine Kröte. Normalerweise sind diese Lieder erfreulich.

Allerdings verschluckt sich die grüne Freundin in letzter Zeit oft und röchelt.

Immer häufiger wird sie krank. Und dann pflege ich sie, meine Liebe, mit Cognac und Wein.

Die Kröte wird wieder halblebendig, aber glücklich, und es scheint, dass in ihren Augen Lilien blühen.

3.

Heute habe ich im REWE eine Frau gesehen. Ihr schmutziges Haar war rotviolett. Sie hatte große Plastiktaschen in der Hand. In den Augen der Frau war kein Verstand – sie lachte und weinte in Schreien. Ich dachte, vielleicht sind all ihre Angehörigen im Krieg umgekommen. Eine unglaubliche Trauer hat diese arme Frau getroffen. Eine Kundin mit ihrer erwachsenen Tochter sagte zum Kassierer: »Mein Gott.« Der Kassierer schwieg. Niemand hielt diese Angst auf, niemand rief die Polizei. Alle schwiegen. Es herrschte eine schreckliche Stille, immer wieder zerrissen von einem fürchterlich schluchzenden Lachen.

Aus dem Belarussischen von Nina Weller.
Für: PARATAXE Symposium XII: Fluchtpunkt Berlin – osteuropäische Literaturen unter Druck (12.05.2023).

Jens Siegert

Chronik eines wahrscheinlichen Todes

Alexej Nawalnys Entscheidung gegen das Exil

Pink and Reddish, green and whitish, the Russian exiles were all waiting for the Bolsheviks to fall so that they could go back to Russia and resume their feuds interrupted by the October Revolution.[1]

Alexander Michailowitsch, Großfürst

Diese Geschichte muss von ihrem Ende her erzählt werden.[2] Im Dezember 2023 wurde Alexej Nawalny am Ende seines dritten Jahres in Haft in ein Straflager jenseits des Polarkreises in Westsibirien verlegt. Dort starb er am 16. Februar des darauffolgenden Jahres. Seine direkte Todesursache wird kaum geklärt werden. Jedenfalls nicht, solange Wladimir Putin in Russland an der Macht ist. Vielleicht wurde Nawalny auf Befehl aus dem Kreml umgebracht. Nach dem Versuch, ihn zu vergiften, ist das keine allzu weit hergeholte Vermutung. Vielleicht war es unterlassene Hilfeleistung, die in russischen Straflagern die Regel ist. Vielleicht starb er, nach drei Jahren Qualen, ausgezehrt an den folterähnlichen Haftbedingungen. Jedenfalls tragen der russische Staat und Putin persönlich die Verantwortung für Nawalnys Tod.

Damit zeigt sich das von Putin aufgebaute politische Regime als grausamer und zynischer als die späte Sowjetunion. Der bisher letzte politische Gefangene, der in einem sowjetischen oder russischen Gefängnis starb, war Anatolij Martschenko. Er starb im Dezember 1986 nach einem hunderttägigen Hungerstreik, mit dem er die Freilassung aller politischen Gefangenen gefordert hatte. Sein Tod löste das Ende politischer Verfolgung in der Sowjetunion aus. Kurz danach ließ Michail Gorbatschow den Friedensnobelpreisträger Andrej Sacharow aus der Verbannung in

Gorki (heute wieder: Nischnyj Nowgorod) nach Moskau zurückkehren. Noch 1987 wurde der letzte politische Gefangene aus einem spezialisierten Straflager in der Uralregion Perm entlassen. So etwas wird in Putins Russland auch nach Nawalnys Tod nicht passieren. Umgekehrt wird die politische Verfolgung Andersdenkender weiter zunehmen und weitere Tote sind wahrscheinlich. Angst vor politischer Verfolgung, vor Folter, vor dem Verlust von Freiheit und Heimat oder mitunter des Lebens sind die wichtigsten Mittel für Putins Machterhalt.

Das alles war Nawalny selbstverständlich klar, als er im Januar 2021 aus Deutschland nach Russland zurückkehrte. Der russische Staat hatte ein paar Monate vorher versucht, ihn zu vergiften. Er wusste also, was er riskierte, dass er alles riskierte. Warum blieb er also nicht, wie viele andere Oppositionelle, Politiker*innen ebenso wie zivilgesellschaftliche Aktivist*innen im Westen, im – seit dem 24. Februar 2022 ist das Wort wieder angebracht – Exil?

Nawalnys Aufstieg

Wladimir Putin sah sich in seiner gesamten Amtszeit keiner ernsthaften Bedrohung durch eine in politischen Parteien organisierte Opposition ausgesetzt. Dagegen wurde Alexej Nawalny ausgerechnet in einer von oppositionellen Parteien bereinigten politischen Landschaft zum ernst zu nehmenden Herausforderer Putins, dem einzigen, der dem Machthaber im Kreml gefährlich werden konnte.

In den 1990er-Jahren hatte sich in Russland mehr schlecht als recht ein Parteiensystem mit einigen Dutzend politischen Parteien entwickelt. Bis auf die Kommunistische Partei Russlands (KPRF), der Nachfolgepartei der KPdSU, konnte sich aber keine von ihnen auf eine nennenswerte politisch-soziale Basis stützen. Eine sozial, ökonomisch und kulturell differenzierte Gesellschaft, die Voraussetzung dafür, war am Ende des Jahrzehnts immer noch erst im Entstehen begriffen. Parteien blieben eher Wahlvereine, meist auf einen oder einige wenige mehr oder weniger charismatische Führungspersonen ausgerichtet. Entsprechend traf Putin nach seinem Machtantritt am Silvestertag 1999 kaum auf Widerstand, als er begann, die bestehenden Parteien in sein korporatives System politischer Macht einzugliedern, das kurze Zeit darauf *gelenkte* (und später dann *souveräne*) *Demokratie* genannt werden sollte.[3] Schon ab der zweiten Hälfte der 2000er-Jahre regte sich nur noch außerhalb des Parlaments politischer Widerstand.

Es gab in den 2000er-Jahren eine ganze Reihe vom Kreml unabhängiger Versuche, neue politische Parteien zu gründen oder Parteienbündnisse zu etablieren. Auch Nawalny engagierte sich bis zu seinem Rauswurf bei Jabloko, einer der beiden letzten oppositionellen Parteien, die bis 2003 über Parteilisten und bis 2007 noch mit einigen wenigen direkt gewählten Abgeordneten im Parlament vertreten waren.[4] Versuche von Neugründungen scheiterten am Kreml, der sie unter meist formalen Vorwänden nicht mehr zuließ. Daraufhin engagierten sich Politiker*innen verstärkt außerhalb des parlamentarischen Systems. Bekannte und etablierte NGOs, wie Memorial oder die Moskauer Helsinki-Gruppe, gerieten gleichzeitig in eine nicht angestrebte Rolle einer Art *Surrogatopposition*. Sie wurden anstelle der Parteien immer öfter vom Kreml in öffentliche Aushandlungsprozesse einbezogen, wohl auch, weil der Kreml in ihnen keine Machtkonkurrenz sah.[5]

Putin stellte sich damals sehr erfolgreich als das genaue Gegenstück zu seinem Vorgänger Boris Jelzin dar: jung, dynamisch, gesund und tatkräftig. Jelzins Regierungszeit, die 1990er-Jahre, wurde zur Negativpause für fast alles: Russlands Abstieg von einer Supermacht zu einer *Regionalmacht* (Obama); wirtschaftlicher Niedergang; überbordende Korruption; ein schwacher und in weiten Teilen dysfunktionaler Staat. Den *Liberalen*, ein zunehmend pejorativ genutztes Synonym für demokratisch und marktwirtschaftlich orientierte Menschen, wurde dies von vielen Menschen zum Vorwurf gemacht. Es gelang dem Kreml, diese Verbindung, liberal gleich Erniedrigung gleich Niedergang, fest im Massenbewusstsein zu verankern. Dabei spielte Putin in die Hände, dass die meisten der in den 2000er-Jahren aktiven Oppositionspolitiker*innen tatsächlich in den 1990er-Jahren an unterschiedlichen Stellen Funktionen in den Regierungen unter Jelzin, im Kreml oder im Parlament ausgeübt hatten. Sie taten das zwar unter Putin, insbesondere in der Wirtschaftspolitik, weiter, aber eben *unter Putin*, und, so denken viele Menschen, eben deshalb mit wirtschaftlich unvergleichbar großem Erfolg.

Alexej Nawalny suchte schon Mitte der 2000er-Jahre zusammen mit anderen Gefährten Wege, diesem Nexus zu entkommen. Sein *Anderes Russland* genannte Bündnis von Putin-Gegner*innen reichte von Liberalen über Konservative bis zu Nationalisten und Nationalbolschewisten. Nawalny suchte in den kommenden Jahren die Nähe von nationalistischen Putin-Gegnern. Er nahm unter anderem regelmäßig an einem ab 2006 von Rechtsextremen, Monarchisten und konservativen orthodoxen Christen jährlich im Herbst abgehaltenen *Russischen Marsch* als Redner teil und erklärte, sein Ziel sei es, ein Bündnis aus Liberalen und Nationalisten zustande zu bringen. Das führte 2007 zu seinem Rauswurf aus Jabloko.[6]

Auf diese Versuche, mit nationalistischen und rechtsextremistischen Putin-Gegnern zusammenzuarbeiten und einer Reihe von fremdenfeindlichen Äußerungen, vor allem im Moskauer Bürgermeisterwahlkampf 2013 (er verglich Migranten mit Kakerlaken), zielen bis heute immer wieder Vorwürfe, Nawalny sei selbst ein Nationalist und deshalb keine demokratische Alternative zu Putin gewesen. Dazu zählt auch Nawalnys 2014 geäußerte Ansicht, die Annexion der Krim durch Russland sei in absehbarer Zeit nicht rückgängig zu machen. Später entschuldigte er sich für seine fremdenfeindlichen Entgleisungen und beendet die Kooperationsversuche mit Nationalisten und rechtsextremen Kräften. Angesichts seiner später konsequent liberalen und demokratischen Positionen bin ich geneigt, diese in der Tat unappetitlichen Rechts-Flirt-Jahre als Teil der Suche nach einer in der Gesamtgesellschaft mehrheitsfähigen, politisch-inhaltlichen Plattform zu betrachten. Zumindest stand dahinter die richtige Analyse, dass Putin nur gefährden kann, wer es schafft, aus dem auch in Umfragen über die vergangenen zweieinhalb Jahrzehnte immer wieder bestätigten *liberalen 20-Prozent-Getto* auszubrechen.

Im Winter 2011/2012 war Nawalny Redner bei den Protesten gegen die Fälschung der Dumawahl vom 4. Dezember 2011. Das festigte seine Stellung als möglicherweise wichtigste Figur der russischen Opposition. Sein gutes Aussehen, das sichere Auftreten und seine positive Ausstrahlung trugen zu größerer Popularität zumindest unter Oppositionellen bei. Im *New Yorker* wird er in jener Zeit so beschrieben: »Blond und groß gewachsen, gibt der 34-jährige Nawalny eine bemerkenswerte Figur ab.«[7] Der *New York Times* fallen vor allem seine »blauen Augen, sein gutes Aussehen und beißender Humor« auf.[8] Beide Artikel beschreiben insbesondere auch den Anti-Korruptionskämpfer Nawalny, der damit inzwischen sein Thema zum Ausbruch aus dem *liberalen Getto* gefunden hatte.

2011 gründete Nawalny die *Stiftung zum Kampf gegen Korruption,* die zur wichtigsten Basis seines Aufstiegs zum einzigen ernst zu nehmenden politischen Konkurrenten Putins wurde. Mit detaillierten Recherchen zur Korruption in höchsten politischen Kreisen und deren professioneller Präsentation per Video im Internet, vor allem auf YouTube, erreichte Nawalny recht schnell ein Millionenpublikum. Das im März 2017 gepostete Video *Er ist für euch nicht Dimon* (russisch: *On wam ne Dimon*) über das private Milliardenvermögen von Interimspräsident Medwedjew (der Titel spielt mit einer Koseform seines Vornamens Dmitrij) wurde binnen weniger Tage mehr als hundert Millionen Mal aufgerufen.[9] In der Folge erreichten Videos der Antikorruptionsstiftung regelmäßig Klickzahlen im zweistelligen Millionenbereich.

Dieser Aufstieg beunruhigte offensichtlich den Kreml. Mitte 2012 klagte die nicht sehr unabhängige russische Justiz Nawalny wegen Betrugs an. Er sollte gemeinsam mit seinem Bruder eine mit Holz handelnde Staatsfirma um umgerechnet fast 500 000 Euro betrogen haben. Das Urteil im April 2013 lautete auf fünf Jahren Gefängnis. Es folgte noch ein weiteres Betrugsverfahren sowie viele Anklagen und Verurteilungen aufgrund politischer Vergehen, wie die *Verletzung* des

Versammlungsrechts. Das Urteil vom April 2013 sollte acht Jahr später, im Januar 2021, der russischen Justiz den Vorwand für Nawalnys endgültige Verhaftung liefern. 2013 legte er Berufung ein und blieb unerwarteterweise zunächst auf freiem Fuß. Die Staatsanwaltschaft hatte die Aussetzung der Haft beantragt, bis das Urteil rechtskräftig ist. Das war sehr unüblich bei höheren Strafen und noch unüblicher bei Regimegegnern. Völlig überraschend, aber vielleicht eine Erklärung für die unübliche Milde war, dass Nawalny erlaubt wurde, trotz des Urteils bei den Moskauer Bürgermeisterwahlen im September desselben Jahres zu kandidieren. Aus Kremlsicht sollte sich das als eine grobe Fehlentscheidung erweisen. Denn diese Wahlen machten Nawalny endgültig zum ersten Herausforderer Putins.

Warum der Kreml Nawalny die Kandidatur erlaubte und ihn unterschätzte, ist nicht ganz klar. Vermutlich hatte sich Amtsinhaber Sergej Sobjanin, im Vorleben Leiter von Putins Präsidialadministration, einen echten oder zumindest echt aussehenden Gegenkandidaten gewünscht, um die Legitimität seines ohnehin für sicher geglaubten Siegs zu erhöhen. Gerade erst hatte Putin mit Mühe die größten Proteste seiner Amtszeit im Winter 2011/2012 eindämmen können. Sie hatten sich an massiven Wahlfälschungen bei der Parlamentswahl Anfang Dezember 2011 entzündet und markierten das Ende der von einem beispiellosen Wirtschaftsaufschwung bestimmten 2000er-Jahre. Diese Zeit war von einem, wie das der Moskauer Wirtschaftswissenschaftler Alexander Ausan nannte, *ungeschriebenen Gesellschaftsvertrag* gekennzeichnet: den Tausch von wirtschaftlichem Wohlergehen gegen politische Beteiligungsrechte.[10]

Wie auch die Begriffe der gelenkten oder souveränen Demokratie zeigen, wurde der Schein demokratischer Prozeduren mehr oder weniger gewahrt. Dies geschah umso mehr in Moskau, dem Zentrum der Proteste. Um ganz sicherzugehen, dass Nawalny keinen Erfolg haben würde, wurde im staatskontrollierten Fernsehen kaum über ihn berichtet, und wenn doch, dann ausschließlich negativ. Gleichzeitig versuchte Sobjanin durch aufwendige Renovierungs- und Verschönerungsmaßnahmen in der Innenstadt und durch erhebliche Investitionen in die Modernisierung der städtischen Infrastruktur, Verwaltung und Kultur zu zeigen, dass ein *europäisches Großstadtleben* in Moskau auch *ohne Mitbestimmung* möglich sei. Er ließ Festivals und Konzerte organisieren. Radwege wurden gebaut. Ein neues Nahverkehrssystem mit zahlreichen Bus- und Taxispuren begann den notorisch wilden Moskauer Straßenverkehr einzuhegen. Überall in der Stadt tauchten neue Sportplätze und eingegitterte Parcours für Skateboarder auf. Kurz, Moskau mauserte sich unter Sobjanin, so der damalige Spott, zu einem *Hipsterparadies.*

Nawalny reagierte mit Straßen- und Internetwahlkampf. Der Erfolg war erstaunlich. Zwar gab das offizielle Ergebnis Sobjanin eine knappe absolute Mehrheit, aber Nawalny kam auf unerwartete und bis dahin für oppositionelle (nicht: scheinoppositionelle) Kandidaten in Wahlen unerhörte 27 Prozent der Stimmen. Unabhängige Wahlbeobachter*innen gingen davon aus, dass Sobjanin tatsächlich die absolute Mehrheit verfehlt hatte, wenn auch mehr Stimmen als Nawalny bekommen hatte.[11] Diese Wahlkampagne und ihr Ergebnis erhöhten zwar Nawalnys Beliebtheit in Umfragen kaum, aber seine landesweite Bekanntheit stieg erheblich.[12]

Die allseitige Konzentration auf den Namen und die Person Nawalnys verführt leicht zu dem Schluss, es handele sich hier um eine Ein-Mann-Show. Das ist falsch. Von Anfang an legte Nawalny großen Wert auf tragfähige und effektive Organisationsstrukturen. Im Grunde versuchte er eine Partei aufzubauen, was ihm aber, wie allen anderen Oppositionellen auch, vom Staat formal versagt wurde. Die Basis war ab 2011 die Antikorruptionsstiftung FBK. In den Jahren nach der Moskauer Bürgermeisterwahl erfolgte der Aufbau eines Netzwerks von Büros in den Regionen außerhalb der Hauptstadt. Bei der Finanzierung seiner Arbeit ging Nawalny neue und innovative Wege. Das Geld von reichen Spendern und Geschäftsleuten, von denen allerdings nur wenig es wagten, sich dazu öffentlich zu bekennen. Der bekannteste war Boris Simin, der eine von seinem Vater Dmitrij Simin gegründete Stiftung leitete. Dmitrij Simin hatte in den 1990er-Jahren den ersten und damals größten russischen Mobilfunkprovider *Wimpelkom* (Markenname: *Beeline*) aufgebaut und verkauft. Mit seiner anschließend gegründeten *Dinastija*-Stiftung trat er als Sponsor von Wissenschaft, Verlagen und NGOs auf.[13] Die meisten Spender zogen es aber vor, anonym zu bleiben. Das zweite Standbein, die große Neuerung, war Crowdfunding. Darüber konnte Nawalny unter anderem viele regelmäßige Beiträge von Bürgerinnen und Bürgern einwerben. In den öffentlichen Finanzberichten gab FBK für 2013 23 Millionen Rubel (etwa 500 000 Euro) und für 2019 schon 82,3 Millionen Rubel (etwa 1,1 Millionen Euro) an Crowdfunding-Einnahmen an.[14]

Der einzige Konkurrent: Boris Nemzow

Mitte der 2010er-Jahre gab es nur noch einen Oppositionspolitiker, der es mit Nawalny in puncto Popularität hätte aufnehmen können und landesweit sogar bekannter war: Boris Nemzow. Er wurde allerdings im Spätwinter 2015 auf einer Brücke über die Moskwa in Sichtweite des Kremls ermordet. Mit Anfang 30 war Nemzow 1991 Gouverneur des Gebiets Nischnyj Nowgorod geworden. Er war so etwas wie der Jungstar und Posterboy der damals noch großen und machtnahen liberalen Politikszene. Zwischen 1997 und 1998 stieg er für kurze Zeit zum stellvertretenden Ministerpräsidenten auf. Zum Ende des Jahrzehnts, als der baldige Rücktritt Jelzins aufgrund seiner Gesundheitsprobleme immer wahrscheinlicher wurde, gehörte sein Name stets dazu, wenn über Jelzins mögliche Nachfolger spekuliert wurde.

Am Beginn von Putins erster Amtszeit arbeitete Nemzow mit dem neuen Präsidenten noch zusammen. Nemzows Partei, der rechtsliberalen *Union der Rechten Kräfte*, entstammten nicht wenige, die Putin weiter als Minister und Berater in Wirtschaftsfragen dienten. Im Juli 2000 organisierte Nemzow für Putin ein Treffen mit 21, damals noch zu Recht *Oligarchen* genannten, reichen Unternehmern, das als einer der wichtigsten Wegmarken für Putins Machtkonsolidierung gilt. Putin warnte im Kreml Männer (Frauen waren nicht darunter) vor laufenden Kameras, sich weiter in die Politik einzumischen, wie viele es in der zweiten Hälfte der 1990er-Jahre getan hatten. Michail Chodorowskij, der nach *Forbes* reichste Mensch in Russland, widersprach Putin. Kurze Zeit später wurde er verhaftet.

In den kommenden Jahren entwickelte sich Nemzow, mitunter in Zusammenarbeit mit Nawalny, oft aber in Konkurrenz zu ihm, zu einem der schärfsten Kritiker Putins. Er trat mehrmals bei Wahlen an, ohne jedoch ähnlichen Erfolg wie Nawalny in Moskau zu haben. Schließlich wurde er 2013 Abgeordneter im Regionalparlament von Jaroslawl, einer Bezirksstadt rund 200 Kilometer nordwestlich von Moskau. Nemzows größter Nachteil war, dass seine politische Karriere bereits in den 1990er-Jahren begonnen und er hohe Regierungsposten innehatte. Viele Menschen sehen bis heute in dieser Politikergeneration die Schuldigen für den wirtschaftlichen Niedergang, das Staatsversagen und den internationalem Bedeutungsverlust Russlands. Im Gegensatz dazu begann Nawalnys politische Karriere erst in den 2000er-Jahren und war durchgängig gegen das jeweilige Establishment gerichtet.

Vergiftung Nawalnys und Rückkehr nach Russland

Mitte der 2010er-Jahre hatte Putin sein Politikmonopol endgültig gefestigt. Außerhalb der vom Kreml definierten und kontrollierten Grenzen (die die *Systemopposition* einschlossen) gab es spätestens 2014 nach der Krimannexion keine landesweiten politischen Organisationsstrukturen mehr, die auch nur in Ansätzen kampagnenfähig gewesen wären. In diese Lücke zielte Nawalny. Im Dezember 2016 kündigte er seine Kandidatur für die nächsten Präsidentenwahlen im Frühjahr 2018 an. Sein organisatorisches Netzwerk wuchs weiter. Bis April 2017 schafften es seine Helferinnen und Helfer, die für eine Kandidatur notwendigen 300 000 Unterschriften aus allen Landesteilen zu sammeln. Im

Herbst 2017 bilanzierte Nawalny zufrieden: »Zum ersten Mal in der jüngeren russischen Geschichte haben wir eine echte und gewaltige politische Struktur aufgebaut, mit Büros in 83 Städten und fast 200 000 Freiwilligen im ganzen Land.«[15] Doch diesmal machte der Kreml nicht wieder den gleichen Fehler wie bei den Moskauer Wahlen vier Jahre zuvor. Im Dezember 2017 versagte die Zentrale Wahlkommission Nawalny die Zulassung als Kandidat. Als Vorwand diente die Verurteilung zu fünf Jahren Haft auf Bewährung von 2013. Dieses Beispiel zeigt, dass die Strafverfolgung Oppositioneller zumindest damals noch nicht nur oder nicht unbedingt das Ziel hatte, sie wegzusperren, sondern Teil eines Instrumentariums war, ihre Aktivitäten zu behindern und ihre Möglichkeiten einzuhegen.

Es ist unwahrscheinlich, dass Nawalny mit der Zulassung zu den Wahlen gerechnet hatte. Für das Putin'sche System sind Wahlen zwar ein notwendiger Bestandteil zur Erzeugung von Legitimität, bleiben aber immer eine Gratwanderung: Es soll zumindest die Illusion von freien und fairen Wahlen erzeugt werden, ohne aber ein zu großes Risiko einzugehen. Dieser Spagat hatte oft geklappt, war aber 2011 schiefgegangen und hatte die Winterproteste ausgelöst. So etwas sollte nicht wieder passieren. Nicht verhindern konnte der Kreml, dass Nawalny dieses Vorspiel nutzen konnte, um viele Menschen gegen Putin zu mobilisieren und ein kampagnenfähiges, landesweites Organisationsnetzwerk aufzubauen. Ende der 2010er-Jahre war er damit der Einzige, der in der Lage war, landesweite Proteste zu initiieren. Gerade dieses Überregionale bedeutete einen wesentlichen Unterschied und Fortschritt zu den Protesten im Winter 2011/2012, die weitgehend auf die Megalopolen Moskau und St. Petersburg beschränkt waren. Eine weitere Neuerung war, dass es Nawalny gelang, besonders viele junge Menschen anzusprechen. Außerdem waren unter den Protestierenden viele, die erstmals für politische Anliegen auf die Straße gingen.[16]

Der Staat reagierte auf diese Herausforderung erneut mit Strafrecht und Gewalt. Nawalny wurde bei von ihm initiierten Protestaktionen regelmäßig festgenommen und zu sogenannter *Administrativhaft*[17] verurteilt. Auch die Mitarbeiterinnen und Mitarbeiter seines Stabes und der Regionalbüros wurden immer wieder festgesetzt, mit Administrationsverfahren überzogen und zu Geldstrafen verurteilt. Es gab im ganzen Land Hausdurchsuchungen in Büro- und Privaträumen. Informationsmaterialien und Computertechnik wurden beschlagnahmt.

Auf einer Vortragsreise durch Sibirien wurde Nawalny im August 2020 vergiftet und wohl nur durch den glücklichen Zufall kompetenter Unfallärzte auf dem Notlandeflughafen in Omsk gerettet. Dank internationalen Drucks konnte er zur Behandlung nach Deutschland ausgeflogen werden. Die Bundesregierung kam zu der Überzeugung, dass das verwendete Gift zur Nowitschok-Gruppe gehört und man davon ausgehen musste, dass der Anschlag von russischen staatlichen Stellen ausgeführt wurde.[18]

Nach seiner gesundheitlichen Rehabilitation in Deutschland kehrte Nawalny am 17. Januar 2021 nach Russland zurück. Er wurde noch am Flughafen festgenommen und blieb bis zu seinem Tod drei Jahre später in Haft. Im Frühjahr 2021 beantragte die russische Generalstaatsanwaltschaft, Nawalnys Antikorruptionsstiftung als *extremistisch* einzustufen, und verhängte, der gerichtlichen Entscheidung über dieses faktische Verbot noch zuvorkommend, ein Arbeitsverbot für alle Organisationen von Nawalny. Begründung: Das Ziel der Stiftung sei die »Destabilisierung der sozialen und gesellschaftspolitischen Lage unter dem Deckmantel liberaler Losungen«.[19]

Warum kein Exil?

Warum war Nawalny nach Russland zurückgekehrt? Warum blieb er nicht, wie viele andere Oppositionspolitiker*innen, im Ausland? Warum ist er nicht im Exil geblieben? Offenbar sah sich Nawalny in Deutschland vor einem Dilemma: Bliebe er im Exil, so liefe er Gefahr, recht schnell seine politische Bedeutung und die hart erfochtene Stellung als der wichtigste, wenn auch nicht einzige Herausforderer Putins zu verlieren. Aus dem Exil heraus hätte er viele Vorteile gegenüber den oppositionellen Konkurrentinnen wieder eingebüßt. Er hätte riskiert, recht schnell einer von vielen exilierten Oppositionellen zu werden. Seine bisherige Taktik, sich von den anderen liberalen Oppositionellen zu unterscheiden, wäre weit schwieriger durchzuhalten gewesen. Kehrte er aber nach Moskau zurück, so mag seine Überlegung gewesen sein, ließe sich die politische Relevanz im Land vielleicht bewahren, auch wenn seine sofortige Verhaftung sicher schien. Das Gefängnis oder die Administrativhaft hatte ihn bis dahin nicht abgeschreckt. Bis zur Festnahme auf dem Flughafen bei der Rückkehr aus Deutschland hatte er bereits mehr als 250 Tage in Haft verbracht.[20]

Das Schicksal, politisch in Russland weitgehend irrelevant zu sein, trifft gegenwärtig alle, die schon vor dem Februar 2022 oder auch danach Russland verlassen haben. Sie waren es, im Unterschied zu Nawalny zumeist aber auch schon, als sie noch in Russland waren. Zwar gibt es zahlreiche Versuche, sich im Ausland politisch zu organisieren, und mit dem ehemaligen Schachweltmeister Garri Kasparow oder dem zehn Jahre lang inhaftierten ehemaligen *Oligarchen* Michail Chodorowskij auch einige prominente und in Russland bekannte Akteure. Aber sie alle spielen im Land selbst kaum eine Rolle. Je länger Putin an der Macht bleibt (und ein Ende von Putins Herrschaft ist kaum abzusehen), desto geringer dürfte die Rolle der Exilopposition werden.

Auch das Beispiel der russischen Exilopposition nach der Oktoberrevolution macht hier wenig Mut. Wie Yossi Shain in einer Studie schreibt: »The story of the Russian exile … reflects the difficulties of large, diverse and widely dispersed diasporas in forming united political fronts in the face of strong home regimes and the constraints of international developments.«[21] Opposition im Exil, so Shain, sei versucht, die Verhältnisse im Heimatland auch untereinander fortzuschreiben. Fehlende institutionelle Rahmen und Regeln behinderten strategische Debatten und begünstigten die Diskussion taktischer Fragen in personalisierter Form und Attacken ad hominem. Vor allem die Konzentration auf ein bald bevorstehendes Zusammenbrechen des bolschewistischen Regimes und damit die Chance auf eine schnelle Rückkehr haben in den 1920er- und selbst noch den 1930er-Jahren die Exildiskussionen bestimmt. Ähnliches ist auch in der aktuellen russischen Exilopposition zu beobachten. Zudem gelang nach dem Zusammenbruch der Sowjetunion vor mehr als 30 Jahren niemandem von den aus dem Exil Zurückgekehrten eine nennenswerte politische Karriere, geschweige denn der Aufstieg ganz nach oben. Nawalny hat das wohl so gesehen und es dürfte bei seiner Entscheidung, das Risiko einer Rückkehr in Kauf zu nehmen, eine Rolle gespielt haben.

Das soll nicht heißen, dass die Arbeit der Opposition im Exil nutzlos wäre. Sie erfüllt eine wichtige Funktion, solange eine offene Opposition im Land nur auf Kosten von Freiheit und Leben möglich ist. Ihre Möglichkeiten, auf die politischen Prozesse im Land einzuwirken, bleiben aber begrenzt. Eine Opposition im Exil ist zudem zusätzlichen Zwängen ausgesetzt. Sie muss nicht nur die Zustände im Heimatland im Blick haben, sondern auch die im Exil. Sie kann es sich nicht leisten, auf die besonderen Ansichten und Anforderungen dort keine Rücksicht zu nehmen. Das zeigt sich heute in Bezug auf den Krieg gegen die Ukraine besonders deutlich. In Russland sind mit einer radikalen Antikriegsposition gegenwärtig nur wenig mehr als diejenigen erreichbar, die ohnehin gegen den Krieg sind. Das mag sich nach einem Ende des Kriegs wieder ändern, sicher ist das aber nicht. Viel wichtiger für die meisten russischen Wählerinnen und Wähler ist eine klare Position zu den 1990er-Jahren. Nur wer sich hier von denjenigen abgrenzen kann, die damals politische Verantwortung getragen haben, wird zu anderen Fragen ernst- und wahrgenommen.

Mit seiner Rückkehr nach Russland spielte Nawalny auf Zeit. Putin ist über 20 Jahre älter als er. Irgendwann wird er abtreten (müssen). Hätte Nawalny das Gefängnis überlebt, hätte er in einer Zeit nach Putin einen erheblichen Ansehensvorteil seinen Kollegen und Kolleginnen im Exil gegenüber gehabt. Anfänglich schien diese Rechnung aufzugehen. Die spontanen Proteste gegen Nawalnys Verhaftung gehörten zu den größten und sowohl geografisch als auch sozial breitesten im nachsowjetischen Russland. Mehr als 160 000 Menschen protestierten am 23. Januar 2021, knapp eine Woche nach seiner Rückkehr, überall im Land auf nicht genehmigten Kundgebungen. Eine Woche später noch einmal knapp 70 000.[22] Nach ihren Motiven für den Protest gefragt, gaben Demonstrant*innen oft an, mit Nawalnys politischen Positionen zwar nicht übereinzustimmen, aber empört über den Umgang des Staates mit ihm zu sein. Mit dem Versuch der Vergiftung und der Verhaftung sei eine Grenze überschritten worden, hinter der man nicht mehr schweigen könne.[23] Die Proteste blieben trotzdem eine Episode. Der Staat griff hart durch und die Demonstrationen ebbten schnell wieder ab.

Nawalny gelang es selbst aus dem Gefängnis heraus, der wichtigste oppositionelle Akteur Russlands zu bleiben. Er funktionierte die Serie dicht aufeinanderfolgender, neuer Anklagen und Prozesse gegen ihn zu politischen Auftritten um. Er fütterte über seine Anwälte seine verschiedenen sozialen Netzwerke mit Kommentaren, Aufrufen und Geschichten aus dem Leben eines politischen Gefangenen und erreichte weiter ein Millionenpublikum. Der Staat reagierte mit einer nicht abreißenden Kette von Isolationshaft aufgrund ausgedachter oder tatsächlicher Vergehen gegen die Gefängnisordnung, die ohnehin in erster Linie dazu dient, Gefangene jederzeit willkürlich schikanieren zu können. Mal sollte Nawalny einen Wärter nicht wie vorgeschrieben gegrüßt haben. Dann wieder sei seine Jacke nicht ordnungsgemäß zugeknöpft gewesen, er habe den Zapfenstreich verletzt oder sei ein paar Minuten zu spät aufgestanden. Isolationshaft in russischen Gefängnissen bedeutet Folter. Nicht nur für Nawalny, sondern für alle so bestraften Gefangenen. Nur selten wird sie aber so exzessiv verhängt wie in Nawalnys Fall, der fast ein Drittel seiner Gefängniszeit in Isolationshaft verbringen musste.

Alexej Nawalny gelang, womit in den 2010er-Jahren niemand (mehr) gerechnet hatte. Er wurde zu einer Machtherausforderung für Putin. Der Kreml hielt ihn für so gefährlich, dass er zuerst versuchte, ihn zu vergiften, und ihn später einsperrte. Im Straflager kam er ums Leben, vielleicht wurde er dort ermordet. Doch auch nach Nawalnys Tod ist es nicht völlig still in Russland. Wann immer der Staat nur schwer eingreifen kann, etwa bei der Beerdigung Nawalnys oder bei den sogenannten *Präsidentschaftswahlen* im Frühjahr 2024, zeigten viele Menschen ihren Unmut. Sie standen zu Tausenden an, um Blumen auf Nawalnys Grab niederzulegen[24] oder ihre Unterschriften für einen möglichen Kandidaten abzugeben, der sich, sehr vorsichtig und verklausuliert, gegen Putins Herrschaft und den Krieg in der Ukraine auszusprechen scheint. Diese potenzielle Unruhe ist das Vermächtnis von Alexej Nawalny und von vielen anderen, die in den vergangenen 30 Jahren Russlands jüngste *Affäre mit der Demokratie*[25] voranzutreiben versucht haben. Sie wird irgendwann zu einer neuen, dann vielleicht glücklicheren Affäre führen.

Anmerkungen

1 Zitiert nach: Yossi Shain: *The Frontier of Loyalty: Political Exiles in the Age of the Nation-State*. Ann-Arbor 2005, S. 62.

2 Dieser Artikel stützt sich auf Teile des Kapitels »Parteien, Opposition und Oppositionelle« meines im Oktober erscheinenden Buchs *Russland nach Putin*, Stuttgart 2024, S. 164 ff.

3 Bezeichnungen wie Ideen stammen von Wladislaw Surkow, dem in den 2000er-Jahren im Kreml für Innenpolitik zuständigen Beamten.

4 Die andere war die Union der Rechten Kräfte. Siehe: Marina Wiest: »Die neue Staatsduma – das Taschenparlament des russischen Präsidenten«, in: *Russlandanalysen* Nr. 13 vom 30.01.2004, S. 2.

5 Ausführlicher dazu: Jens Siegert: »Zivilgesellschaft in Russland«, in: Heiko Pleines, Hans-Henning Schröder (Hg.): *Länderbericht Russland*. Bonn 2010, S. 172 ff.

6 Hier und im Weiteren bis zu Nawalnys Verhaftung im Januar 2021 stütze ich mich auf die bis heute beste politische Nawalny-Biografie: Jan Matti Dollbaum, Morvan Lallouet, Ben Noble: *Nawalny. Seine Ziele, seine Gegner, seine Zukunft*. Hamburg 2021.

7 Julia Ioffe: »Net Impact. A man's cyber crusade against Russian corruption«, https://www.newyorker.com/magazine/2011/04/04/net-impact. Letzter Zugriff am 22.07.2024.

8 Andrew E. Kramer: »Russian Site Smokes out Corruption«, https://www.nytimes.com/2011/03/28/business/global/28investor.html. Letzter Zugriff am 22.07.2024.

9 Alexeyj Nawalnyi: »On wam ne Dimon«, https://www.youtube.com/watch?v=qrwlk7_GF9g. Letzter Zugriff am 22.07.2024.

10 Alexander Ausan: Obschtschestwennyj dogowor I graschdanskoje obschtscheswo, https://www.civisbook.ru/files/File/Auzan.pdf. Letzter Zugriff am 26.07.2024.

11 Jurij Malowerjan: »›Golos‹ predlagajet prowerit itogi wybory mera Moskwy«, https://www.bbc.com/russian/russia/2013/09/130909_moscow_election_golos. Letzter Zugriff am 26.07.2024.

12 Die Zahl derjenigen, die in Umfragen angaben, Nawalny zu kennen, nahm von sechs Prozent im April 2011 über 34 Prozent im Juni 2012 auf 54 Prozent im Oktober 2013 zu. Siehe: Lewada-Zentrum: »Rossijanije ob A. Nawalnom«, https://www.levada.ru/2013/11/15/rossiyane-ob-a-navalnom/. Letzter Zugriff am 26.07.2024.

13 Zur Geschichte dieser ersten russischen Familienstiftung nach US-Vorbild siehe: https://en.wikipedia.org/wiki/Dynasty_Foundation. Letzter Zugriff am 26.07.2024.

14 Dollbaum, Lallouet, Noble, a. a. O., S. 89.

15 Zitiert nach Dollbaum, Lellouet, Noble, a. a. O., S. 170.

16 Vgl. z. B.: The Bell: »Malo detey, malo schenschtschin: soziologi o sostawe utschastnikow akzii protesta 23 janwarja«, https://thebell.io/malo-detej-mnogo-zhenshhin-sotsiologi-o-sostave-uchastnikov-aktsii-protesta-23-yanvarya. Letzter Zugriff am 26.07.2024. Nowaja Gaseta: »Issledowanie: bolee treti prischedschich na Puschkinskoj ploschtschad wperwyje utschastwowali w protestnoj akzii«, https://novayagazeta.ru/articles/2021/01/25/167379-issledovanie-bolee-treti-prishedshih-na-pushkinskuyu-ploschad-vpervye-uchastvovali-v-protestnoy-aktsii. Letzter Zugriff am 26.07.2024.

17 Vom Gericht ohne Verfahren angeordnete Haft von bis zu einem Monat.

18 »Erklärung der Bundesregierung im Fall Nawalny«, Pressemitteilung, Presse- und Informationsamt der Bundesregierung, 02.09.2020, https://www.bundesregierung.de/breg-de/service/archiv/erklaerung-der-bundesregierung-im-fall-nawalny-1781790. Letzter Zugriff am 26.07.2024.

19 Christian Esch, Christina Hebel: »Arbeitsverbot für Nawalnys Mannschaft«, in: Spiegel vom 27.04.2021, https://www.spiegel.de/ausland/russland-geht-gegen-alexej-nawalny-vor-arbeitsverbot-fuer-seine-mannschaft-a-ea0762de-f523-4393-a4a6-12e53a1eadd2. Letzter Zugriff am 23.07.2024.

20 Dollbaum, Lellouet, Noble, a. a. O., S. 180.

21 Yossi Shain, a. a. O., S. 62.

22 Dollbaum, Lellouet, Noble, a. a. O., S. 237.

23 Ljubow Tschischowa: »›Proischodit osoblenie‹. Itogi akzij protesta w Rossii«, https://www.svoboda.org/a/31080008.html. Letzter Zugriff am 24.07.2024.

24 »Nawalny beerdigt – Tausende nehmen Abschied«, https://www.zdf.de/nachrichten/politik/ausland/russland-nawalny-beerdigung-moskau-drohkulisse-100.html. Letzter Zugriff am 24.07.2024.

25 Ich leihe mir dieses schöne Bild von Hedwig Richter.

Behnaz Amani

Exil

→

Ist deine Heimatstadt verfault bis ins innerste Gewebe,
reißen in allen Städten auch die letzten losen Fäden,
herrscht allerorten Anamnesis, schrumpft das Wort Heimat zum bloßen Appell.
Schon bist du, zögernd und ohne Orientierung, ab wann und wohin du gehörst,
eine Fremde, so ist es nun mal!
Ob im Norden oder Süden, in welchem Zeitalter immer,
ob im Land deiner Herkunft, eben jenem Land,
dem leeren Rahmen deiner Abwesenheit,
nirgends geht mehr die Sonne auf,
und du bleibst auf Wanderschaft, auf dich
wird nie ein Ankunftsort warten …

Übersetzt von Barbara Krohn und Gerd Burger.

Stella Nyanzi

Exil: Ein Poem der Hoffnung

→

Exil – weg von zu Hause!
Flüchten vor politischer Verfolgung,
Flüchten mit nichts als einer Tasche mit dem Nötigsten,
Flüchten mit meinen Kindern auf dem Rücken.
Auf jeder Schulter einen Sohn
Und auf dem Rücken meine Tochter.
Flüchten vor den Mördern,
Flüchten vor den Entführern,
Flüchten vor ihnen, die Frauen und Männer verschleppen
Nur, weil wir zur Opposition gehören.
Exil – ein Ort zum Atmen ooooh und aaaah
Ohne Todesangst,
Ohne Angst vor dem Gefängnis.
Exil – ein Ort zum Träumen, um wieder neu zu träumen von Befreiung.
Exil – ein Ort, Geschichten zu erzählen von der Zeit, als wir zu Hause waren.
Erinnere dich daran, Baraka, wie wir zu Hause waren.
Erinnert euch daran, Wasswa und Kato, wie wir zu Hause waren.
Exil – ein Ort, zu denken an die Diktatoren, die mich zu flüchten zwangen,
Wie meine Eltern flüchten mussten, als ich ein kleines Kind war,
Ein sehr, sehr kleines Kind.

Exil … Exil …

Sie sagen, ich bin »eine Exilantin«.

Sie sagen, ich bin »eine Asylantin«.

Sie sagen, ich bin »eine, die auf ihren offiziellen Flüchtlingsstatus wartet«.

Sie sagen, ich bin »eine, die von zu Hause weggelaufen ist«.

Sie haben nicht gesagt, »die von zu Hause weggelaufen ist«.
Nein, nein, nein, nein, nein!

»Sie ist geflüchtet von zu Hause«, haben sie gesagt.

Und ja, ich bin geflüchtet ins Exil:

Exil in Kenia,

Exil aus Uganda nach Kenia,

Exil in Afrika …

Eine Afrikanerin in Afrika – ist das Exil?

Heißt Exil Afrikaner in Afrika?

Exil – Träumen von zu Hause,

Denken an zu Hause,

Sehnsucht haben nach zu Hause.

Gut wäre der Geschmack von Matooke auf meinen Lippen,

Doch das ist ein Geschmack, den ich zu bald schon zu vergessen lerne …

Ach Mensch, Exil!

Doch das Exil wird nicht für immer sein.

Exil ist nicht für immer.

Exil ist keine Kapitulation.

Exil ist nur ein Rückzug, um sich eine neue Strategie zu überlegen.

Damit ich sagen kann zu meinem Kind:

»Ich habe dir die Chance für einen Neuanfang gegeben.«

Damit ich sagen kann zu meiner Tochter:

»Jetzt kannst du aufs College gehen!«

»Du möchtest auf die London School of Economics? Ja, Kind, dann gehst du auf die London

School of Economics!«

Und sagen kann zu meinem Sohn:

»Du wirst eine Mutter haben, die dir täglich bei den Hausaufgaben hilft und die dir Schach beibringt. Du spielst schon Schach, doch nicht so gut, wie du es spielen könntest, wenn du jeden Abend gegen deine Mutter spielen würdest!«

Und sagen kann zu meinem anderen Sohn:

»Hey, mein Sohn, Exil ist ein Moment, wo du nicht abends immer warten musst …«

Ist Mama heimgekommen?

Wird Mama heimkommen?

Haben die Polizisten Mama weggebracht?

Exil …

Ich bin eine Exilantin mit einer Tochter von sechzehn Jahren

Und zwei Söhnen, Zwillingen, von dreizehn.

Und dennoch träume ich von einem Tag, da ich zurück nach Hause komme –

Nicht als Exilantin, sondern als eine Uganderin, die in Uganda lebt,

Als eine Afrikanerin, die in Afrika lebt,

Als eine Weltbürgerin, die in der Welt lebt.

Ich lehn es ab, dass ihr mich Exilantin nennt …

Mein Name ist Stella Nyanzi.

Aus dem Englischen von Christa Schuenke.

Christoph Markschies

Babylonien, Marburg, Kleinarmenien und anderswo

Ein Streifzug durch die jüdisch-christliche Geschichte des Exils

Mein Studium der Evangelischen Theologie liegt schon eine ganze Weile zurück. Aber bestimmte Professoren, einzelne Vorlesungen und besondere Bücher sind unvergessen. Dazu gehörte die Vorlesung »Einleitung in das Alte Testament« im Wintersemester 1981/1982, für deren Nachbereitung ich ein gleichnamiges Buch verwendete, das ich gleich zu Beginn meines Studiums im April 1981 gekauft hatte.[1] Auch der Dozent, der diese Vorlesung drei Stunden pro Woche hielt, ist mir unvergessen: Otto Kaiser, 1924 in Prenzlau geboren und 2017 in Marburg gestorben; er gehörte mit seinem drahtigen, energischen Auftreten zu einer Generation, die nach der Katastrophe der deutschen Armee 1945 ihren Dienst bei den Streitkräften (und eine Ausbildung als Militärarzt) nolens volens an den Nagel hängen musste und den verlorenen Sinn im Studium der Theologie zu finden hoffte.

Mein Vater erzählte gerne, dass die ersten Evangelischen Kirchentage der Nachkriegszeit auch von einstigen Generalstabsoffizieren organisiert wurden – und es spielt kaum eine Rolle, ob dieser Eindruck die Faktenlage trifft oder nur beschreibt, was man sich dachte. Otto Kaisers Scheitel war mit dem Lineal gezogen, er hielt sich kerzengerade und wies im Vorfeld des Hebräisch-Examens mit militärischem Kommando die Besseren seiner Studenten an, sich um die Schwächeren zu kümmern und deren Bestehen sicherzustellen. Die zentrale Kategorie seiner wissenschaftlichen Arbeit – und damit auch der erwähnten Einleitungsvorlesung, die mich zu Beginn des Studiums in die Literatur- und Theologiegeschichte der christlich gedeuteten Hebräischen Bibel, des Alten Testaments einwies – war seit seiner Tübinger Habilitationsschrift von 1957 die Bewältigung des babylonischen Exils durch theologische Deutung.

Unter dem Titel »Der königliche Knecht« hatte Kaiser die sogenannten Gottesknechtslieder im biblischen Prophetenbuch Jesaja (42,1–4; 49,1–6; 50,4–9 sowie 52,13–53,12) als Reaktion auf den Verlust von Königtum, Tempelkult und Landbesitz gedeutet und als Übertragung traditioneller Heilsvorstellungen auf das als »Knecht Gottes« gedeutete Volk Israel.[2] Mitten im babylonischen Exil, nach dem Verlust aller institutionellen Sicherheit, bewältigte der unbekannte Prophet, dem nach Kaisers Ansicht sekundär der Name des vor dem Exil lebenden Propheten »Jesaja« zugelegt wurde und der deswegen in der Tradition deutscher Forschung »der zweite Jesaja«, Deutero-Jesaja, heißt, die desaströse Situation durch neue Sinndeutung alter Texte.

»Auslegung als Existenzerhellung« hieß entsprechend der Titel der maschinenschriftlichen Festschrift der Schüler zu Kaisers 60. Geburtstag, in dem mein erster Aufsatz erschienen ist. Jener Titel verrät mit dem sprechenden, von Jaspers und anderen zeitgenössischen Philosophen der frühen Bundesrepublik gerne verwendeten Begriff »Existenzerhellung« die philosophischen Hintergründe, die mit zunehmendem Alter bei Kaiser immer deutlicher wurden: In der Tradition der gerade in Marburg zeitweilig so dominanten Hermeneutik der existenzialen Interpretation begriff Kaiser den Umgang mit dem biblischen Erbe als eine immer wieder neue Aneignung der mythologischen Traditionen als aktuell gültige Aussage über die gegenwärtige Existenz der Menschen, die diese Texte interpretierten.

Während Martin Heidegger und vor allem sein zeitweiliger Kollege und lebenslanger Korrespondenzpartner Rudolf Bultmann (1884–1976) unter den Existenzialien bekanntlich eher allgemeine Kategorien der Seins-Bestimmtheit wie Angst und Sorge, Todesverfallenheit und das In-der-Welt-Sein verstanden, rückte bei Kaiser sehr früh das babylonische Exil (jedenfalls für Autoren wie Tradenten der alttestamentlichen Schriften) unter solche Existenzialien ein. Von Bultmann und anderen Protagonisten der philosophisch-theologischen Gesprächskultur der Jahrhundertmitte sprach Kaiser immer mit großer Hochachtung und vermittelte diesen Deutungsansatz auch seinen Studenten in philosophischen Privatissima an Freitagabenden in seinem Wohnzimmer (gegendert werden muss hier nichts, es waren ausschließlich junge Männer, die sich dort sammelten und auch die oben erwähnte Schüler-Festschrift mit ihren Beiträgen bestritten).

Mir war damals als Student nicht klar, dass mit der Kategorie des Verlustes keineswegs nur das von Assyrern und Babyloniern zerstörte Königtum Israels und Judas, der von diesen Völkern verheerte Tempelkult des Gottes der Stammväter Abraham, Isaak und Jakob und der verlorene Besitz eines Landes zwischen Jordan und Meer, in dem, jedenfalls im Gegensatz zu den Wüsten der Region, Milch und Honig zu fließen schienen, bezeichnet wurde. Ich habe die existenziale Dimension der Kategorie »Exil« damals schon deswegen nicht wahrgenommen, weil ich mich im Marburg der frühen 1980er-Jahre selbst nicht im Exil fühlte – was mich aber von meinem Professor charakteristisch unterschied.

Als ich im April 1981 bei Kaiser zuerst biblisches Hebräisch zu lernen begann und dann weitere Kurse belegte, lagen dessen Geburtsort Prenzlau und die Mark Brandenburg unerreichbar hinter der Mauer. Die auf das biblische Wort und seine Predigt zentrierte Kirche der frühen Bundesrepublik hatte sich aus seiner Sicht in eine friedensbewegte Protestkirche verwandelt und die alten preußischen Institutionen wie die Berliner Militärakademie, in der Invalidenstraße direkt neben der Charité gelegen, waren zusammengebrochen. Die von der Marburger Philosophie und Theologie geprägte Generation, der Kaiser angehörte, fühlte sich unbehaust, vertrieben, war unruhig stets auf Wanderschaft. Otto Kaiser verbrachte halbe Nachmittage zügigen Schrittes auf Spaziergängen, die man vermutlich nicht nur als Imitat des berühmten Umlaufs von Immanuel Kant erklären kann.

Auch wenn Kaiser zu den Marburger Professoren gehörte, die 1968 gegen die Notstandsgesetze protestiert hatten, repräsentierte er nun an einer »Fachbereich« genannten einstigen Fakultät, deren studentisches Café »der rote Himmel« genannt wurde und deren Fachschaftszeitung »der rote Faden« betitelt war, die Opposition der klassischen deutschen Universität gegen ihre Post-1968-Transformation. Nicht umsonst benannte er seine Schüler gerne in aller Öffentlichkeit als »die Kaiserlichen«. So setzte er sie von den Studierenden ab, die einem Kollegen seines Faches folgten, der die Abende in derjenigen Marburger Kneipe verbrachte, in der sich auch die DKP traf. Ich übertreibe sicher nicht, wenn ich von einer sicher mehr intellektuell kultivierten als im bürgerlichen Alltag eines deutschen Professors präsenten Erfahrung eines Exils spreche, die in einem eigentümlichen Wechselverhältnis zur Betonung der zentralen Rolle des babylonischen Exils bei der Interpretation des Alten Testaments stand.

Eine natürliche Konsequenz der zentralen Rolle, die Otto Kaiser dem babylonischen Exil bei der Entstehung der biblischen Bücher des Alten Testaments zuwies, war seine Vorstellung, dass keines dieser biblischen Bücher in einer vorexilischen Originalgestalt überliefert ist, sondern alle nach dem Beginn des babylonischen Exils im Jahre 587 v. Chr. gezielt ergänzt, umgearbeitet, redigiert und interpretiert wurden. Das Jahr 587 v. Chr. repräsentierte für die biblische Überlieferung gleichsam die »Stunde null«, die das Leben des Studenten der militärärztlichen Akademie und Frontoffiziers Otto Kaiser mit einem Schlag beendete und von ihm Umarbeitung, Redaktion und Interpretation forderte. Kaiser modellierte in den Vorlesungen den Wandel der »Stunde null« des babylonischen Exils ähnlich radikal wie seine eigene Erfahrung im Jahr 1945: An die Stelle des auf den Kult in Jerusalem (und anderswo) zentrierten Glaubens an einen Gott unter vielen Göttern trat nach Kaiser die radikale, kultbildkritische Verehrung des einen einzigen Gottes. Ein auf die Ethik konzentrierter Glaube, der in der Erfüllung des göttlichen Gesetzes und nicht mehr in den Kultpflichten die höchste Vollendung sieht, wird allen Völkern angeboten als Weg zum Leben und von Gott in einem letzten Gericht zum Maßstab des Urteils gemacht. Ein vom Himmel gesandter Retter führt das im Exil versklavte Gottesvolk zurück in das gelobte Land und durch das Gericht zu Gottes Heil.

Erstmals niedergelegt hat Kaiser diese Deutung in einem allgemein verständlichen Kommentar zu den Kapiteln 13 bis 39 des biblischen Buches im Jahre 1973[3] – vielleicht kein Zufall, dass es ausgerechnet ein schriftgelehrter Kommentar zu einem biblischen Buch war. In den verschiedenen Auflagen nahm die Menge der Verse, die der Marburger Alttestamentler einem vorexilischen Propheten Jesaja zuschrieb, immer weiter ab und beschränkte sich schließlich auf ein paar Verse aus dem 22. Kapitel. Kein Stein des Textes hatte den radikalen Umbruch des Exils überlebt. Der vorexilische Prophet hatte sich aufgelöst.

Im August 1983 brach ich meine Zelte in Marburg ab und wechselte, um mein Studium fortzusetzen, nach Jerusalem. Dort lernte ich eine vollkommen neue Dimension des Themas »babylonisches Exil« kennen, die mir zuvor verborgen geblieben war. Diese Dimension ging mir auf, als ich am Sederabend des Pessachfestes in einer Familie mit amerikanischem Hintergrund eingeladen war und aufmerksam, wenn auch etwas angestrengt, die Liturgie in einem eigens gekauften Büchlein, einer Pessach-Haggada[4], verfolgte. Nach einer Weile merkte ich, dass die Familie nicht nur, wie es Tradition ist, Pessach feierte, sondern die alte Erzählung vom Auszug aus Ägypten als Matrix der »Alijah« verstand.

Dieser Ausdruck, der deutsch »Aufstieg« bedeutet, bezeichnet seit dem babylonischen Exil die Rückkehr des jüdischen Volkes oder einzelner seiner Mitglieder nach Jerusalem und Israel. »Alijah« ist damit gleichsam der Gegenbegriff zum Terminus »Golah«, der umgekehrt »Auszug« bedeutet oder eben »Exil«. Das »babylonische« war nicht das erste Exil in der Geschichte Israels. Nach der Eroberung des Nordreichs Israel und seiner Hauptstadt Samaria im Jahre 722 v. Chr. wurde Israel nicht nur durch die assyrische Armee besetzt und in das assyrische Provinzialsystem eingegliedert, sondern bald darauf wurden große

Teile der Bevölkerung deportiert, sodass man hier von einem ersten, »assyrischen« Exil sprechen kann.

Darüber existieren aber kaum textliche oder archäologische Quellen. Massendeportationen waren jedenfalls im altorientalischen Raum durchaus verbreitet, wenn auch zuverlässige Überlieferungen über Zahlen der Deportierten fehlen. In der sogenannten Großen Prunkinschrift des neu-assyrischen Königs Šarru-kīn/Sargon II. (721–705 v. Chr.) aus Chorsabad heißt es: »Samaria belagerte und eroberte ich. 27 290 seiner Einwohner schleppte ich fort, 50 Streitwagen hob ich unter ihnen aus, und die Übriggebliebenen ließ ich ihrer Berufsarbeit nachgehen.«[5] Die Babylonier übernahmen diese Praxis von den Assyrern und führten in mehreren Wellen nach 597 v. Chr. die Bevölkerung aus Jerusalem fort, zunächst den König und seine Familie, Mitglieder des Hofes und Handwerker. Daraufhin dürfte der verbliebene Rest im Lande ein halbwegs erträgliches Leben geführt haben, schließlich schlugen 587 und 582 v. Chr. die Babylonier Aufstandsbewegungen gegen ihre Herrschaft brutal nieder und führten weitere Bevölkerungsteile in die Verbannung. Dort erhielten die Exilierten Land zur Bewirtschaftung, durften eigene Siedlungen bilden, brachten es teilweise zu erheblichem Wohlstand und waren dem babylonischen König tributpflichtig. Man kann also von einer gelungenen Integration der deportierten Bevölkerungsgruppen im Land des Exils sprechen.[6]

»Alijah« war in gewisser Weise das Ende der »Golah«, denn tatsächlich gab die Eroberung Babylons durch den persischen König Kyros im Jahre 539 v. Chr. einzelnen Exilierten die Gelegenheit, die 597 v. Chr. nach der Eroberung Jerusalems und des Königreichs Juda durch den babylonischen König Nebukadnezar II. verfügte Verbannung zu beenden und zurückzukehren. Die immer noch verbreitete Vorstellung, dass unter brutalem Machtdruck die ganze Einwohnerschaft in eine babylonische Gefangenschaft geführt wurde, in der Gefangenschaft Sklavendienste verrichten musste und entsprechend auch in toto wieder nach rund 30 Jahren in die Freiheit geführt wurde, folgt einer theologisch zugespitzten Deutung des babylonischen Exils als Strafe für einen Abfall von Gott zu den polytheistischen Religionen der Umwelt und malt die Details der Strafe entsprechend drastisch aus. Gegen diese Sicht spricht schon, dass vor allem in der römischen Kaiserzeit und in der Spätantike in und um Babylon weiterhin ein blühendes Judentum lebte, dem zentrale rabbinische Texte wie der Babylonische Talmud, aber auch bemerkenswerte jüdische mystische Schriften zu verdanken sind. Wie viele Exilierte zurückkehrten und wie viele im Lande blieben, lässt sich nicht mehr zweifelsfrei feststellen, wie auch unklar bleibt, ob nicht im Königreich Juda auch Strukturen und Bevölkerung die schwere Niederlage gegen die Babylonier und ihre folgenden Strafaktionen überlebt haben.

Zurück zur Jerusalemer Pessach-Feier im Jahre 1984 und dem Stichwort »Alijah«. Der Begriff bezeichnete auch nach dem offiziellen Ende des babylonischen Exils Einwanderungsbewegungen und Einwanderungswellen in das Land Israel und nach Jerusalem, die es seit der Zerstörung des wiederaufgebauten Tempels durch die römischen Truppen und der Niederschlagung von antiken jüdischen Aufstandsbewegungen im Land immer wieder gegeben hatte. Gegeben hatte, gegeben hat und vermutlich angesichts der Judenfeindschaft in aller Welt geben wird, zumal das israelische Parlament, die Knesset, am 5. Juli 1950 als erstes Gesetz nach der Staatsgründung 1948 das sogenannte Rückkehrgesetz verabschiedete. Es garantiert jedem Juden das Recht auf Einwanderung und die israelische Staatsbürgerschaft, der entsprechend der Halacha eine jüdische Mutter hat oder dem Religionsgesetz folgend vor einem orthodoxen Rabbiner konvertiert ist.

In den gegenwärtigen aufgeregten Diskussionen um den Staat Israel vor dem Hintergrund postkolonialer Theoriebildungen muss man sich klarmachen, dass diese Rückkehrbewegungen bereits im Mittelalter einsetzten und mit dem europäischen Kolonialismus in Südamerika, Afrika oder Asien herzlich wenig zu tun haben. Der Sederabend, also der Vorabend von Pessach im April 1984, war dadurch geprägt, dass bei der gastgebenden amerikanisch-jüdischen Familie, die vor einiger Zeit Alijah gemacht hatte, Verwandte zu Besuch waren, die noch im Zweifel waren, ob sie nach Israel einwandern sollten. Ich weiß nicht mehr, ob an diesem Abend auch über Gründe gesprochen wurde (die Situation im Land vor der ersten Intifada, dem palästinensischen Volksaufstand von 1987, ist mit der heutigen Lage ganz gewiss nicht vergleichbar), aber ich erinnere mich, dass die alten Texte über den Aufbruch aus Ägypten ins Heilige Land und aus dem Exil in die Heilige Stadt Jerusalem mit einem ganz und gar existenziellen Impetus gelesen wurden. Wenn über Gründe gesprochen wurde, dann sicher auch über die aller Alijah zugrunde liegende These, dass jüdische Identität im Exil schwerer zu bewahren ist als in einem jüdischen Staat. Diese These prägte jedenfalls damals ein ganzes Museum in Tel Aviv, das heute noch (allerdings unter anderem Namen) existierende »Diaspora-Museum«.

Jeder Sederabend und so auch der 1984 endet mit dem Satz »L'Shana Haba'ah B'Yerushalayim«, »nächstes Jahr in Jerusalem« und markiert eine eigentümliche Ambivalenz. Da er jedes Jahr wiederholt wird, steckt, wie Alfred Bodenheimer einmal formuliert hat, »in ihm … einerseits die unendliche Geduld des Wartens und Gottvertrauens, die Bereitschaft, ihn jedes Jahr mit unverbrüchlichem Hoffen auf die Erlösung erneut zu sprechen – und in ihm steckt eine drängende Ungeduld des Aufbruchs, eines erneuten und endgültigen Exodus«.[7]

Das gilt besonders, wenn er nicht in Jerusalem gesprochen wird oder in Jerusalem von Menschen, die sich gar nicht sicher sind, ob sie nächstes Jahr in Jerusalem verbringen wollen und das übernächste gleich mit dazu. Bodenheimer beschreibt diese Ambivalenz als einen Grundzug des Judentums: »Diese Haltung hat zu einem Grundgefühl geführt, das vielleicht zum einzigen, wirklich alle religiösen und weltanschaulichen Unterschiede innerhalb des Judentums überbrückenden Charakterzug geführt hat, den man allenfalls als kollektiv jüdischen bezeichnen könnte: einem Zusammengehen von Ergebenheit in etwas, was man die Macht des oft genug ungünstigen Schicksals nennen kann, mit einer geradezu atemlosen Gewissheit, dass alles auch anders kommen kann, ja kommen wird, als man es sich in den schlimmsten Vorstellungen ausmalen könnte.«

Das Exil bleibt also bestehen und wird als immer weiter bestehendes hingenommen, gleichzeitig aber erhofft, dass es schon nächstes Jahr damit ein Ende haben wird. Mitten in heillosen Zeiten wird auf neues Heil und auf das definitive Ende des Exils gehofft. Aber was nun eigentlich genau das Ende des Exils bedeutet, war schon in Babylon umstritten. Schließlich blieben nicht wenige dort und zogen nicht nach Jerusalem, so wie es 1984 die amerikanischen Verwandten meiner Gastgeber offenkundig auch beabsichtigten. Kann man in Jerusalem selbst im Exil leben? Nicht wenige Menschen in dieser Stadt stellen sich seit den Massakern der Hamas diese Frage, überlegen zumindest, ob nicht ein neues Exil bevorsteht, wenn sich die politische Lage weiter so verschärft.

Als ich nach meinem Studienjahr in Jerusalem im Sommer 1984 besuchsweise wieder nach Marburg zurückkehrte, fragte ich mich, warum eigentlich die Konstruktion des Exils als Grunddatum alttestamentlicher Literatur- und Theologiegeschichte bei christlichen Alttestamentlern wie Otto Kaiser so wenig zu tun hatte mit den Konstruktionen von Exil im nachbiblischen Judentum. Welche Rolle Exil im Judentum lange nach dem babylonischen Exil spielte, kam in den ersten Semestern meines Studiums christlicher Theologie nicht vor. Vielmehr dauerte das Exiltrauma, das nach Ansicht vieler deutscher Alttestamentler die Entstehung des Alten Testaments in heutiger Form voraussetzte, exakt bis zum Auftreten Jesu und seiner Rezeption in den ersten christlichen Gemeinden.

Dieses Marburger Christentum war judenfrei. Seine Zeit begann, nachdem das sogenannte Spätjudentum seine inhaltliche Kraft verloren hatte. Dass es auch danach noch Judentum gab, war in dem im 19. Jahrhundert in den Bahnen Schleiermachers geprägten Terminus im Grunde negiert, und dieser implizite Schmähbegriff ist eigentlich erst zu Beginn des neuen Jahrtausends außer Gebrauch gekommen.[8] Bei Kaiser konnte man hören, dass erst die Begegnung mit Jesus von Nazareth den einen einzigen Gott unmittelbar erlebbar machte und darin die Zeiten transzendiert waren. Exil als der irdische Ort fern der Heimat und die himmlische Heimat bei Gott fielen da für einen Moment ineinander,

»realisierte Eschatologie« hieß das in der technischen Sprache der Marburger Neutestamentler, die Rudolf Bultmann geprägt hatte.

Kaiser wusste sehr genau, wovon er sprach, trug aber das besondere Kriegserlebnis, das ihn im März 1945 eines letzten Grunds und Ziels im Leben gewiss werden ließ, nicht zu Markte. Ich habe erst in der Dokumentation des akademischen Festaktes in der Marburger Theologischen Fakultät Andeutungen über eine besondere mystische Erfahrung an der zusammenbrechenden Front gelesen.[9]

Dass es mit der jüdischen Erfahrung, trotz der Rückkehr aus Babylon nach wie vor im Exil zu leben, keineswegs mit dem Auftreten Jesu im Christentum zu Ende war, erfuhr ich an meinem übernächsten Studienort Tübingen am Neckar. Da besuchte ich im Wintersemester 1985/1986 bei dem Neutestamentler Martin Hengel (1926–2009) ein Hauptseminar zum Thema »Die römischen Christen und der Staat«. Fragen, wie sie damals längst in der übrigen Altertumswissenschaft diskutiert wurden, spielten in der Veranstaltung eine überraschend geringe Rolle; ob das *Imperium Romanum* wirklich mit dem modernen Terminus »Staat« glücklich bezeichnet war, interessierte den Dozenten nicht die Bohne. Aber ihn kümmerte auch die Marburger Hermeneutik, in den biblischen Texten menschliche Selbsterfahrung aller Zeiten ausgesprochen zu finden, einen feuchten Kehricht. Er hielt sie für ein Zeichen schlechter historiografischer Bildung, weil erst einmal der Unterschied der Zeiten wahrgenommen werden müsse, bevor man den garstigen breiten Graben zwischen Historie und Theologie so mir nichts, dir nichts überbrücken dürfe in gemeinsamen Existenzialien. Im Exil befand sich der bekennende Schwabe Martin Hengel im schwäbischen Tübingen gewiss nicht. Jedenfalls fühlte er sich nicht im Exil. Dass er aus der Leitung des väterlichen Textilbetriebs Hengella in die Wissenschaft geflohen war, weil ihn die Wirtschaft im wahrsten Sinne des Wortes krank machte, empfand er eher als den Einzug aus dem Exil in das gelobte Land.

Eine der Stunden des Hauptseminars zum Thema »Die römischen Christen und der Staat« beschäftigte sich mit einem Passus im Brief des Apostels Paulus an die nordgriechische Gemeinde Philippi, in dem es heißt: »Wir aber sind Bürger im Himmel« (3,20). Hengel bestand darauf, den Satz von seinem griechischen Original her zu verstehen, wo das Wort »Politeuma« verwendet ist und es entsprechend heißt: »Unser Politeuma ist Himmel.« Wir untersuchten sehr gründlich die zeitgenössische Verwendung des Ausdrucks, der mit »Bürgerschaft« im Sinne einer politischen Körperschaft oder »Bürgerrecht« im Sinne der Zugehörigkeit zu dieser Körperschaft übersetzt werden kann.

Durch neuere Papyrusfunde ist endgültig klar geworden, dass es beispielsweise im ptolemäischen Ägypten hellenistischer Zeit an verschiedenen Orten autonome jüdische Selbstverwaltungskörperschaften gab, die »politeuma« genannt wurden und deren Bürgerrecht mit demselben Terminus bezeichnet wurde.[10] Insofern, so konnte Hengel uns Studierenden demonstrieren, formuliert Paulus eine radikale Aussage: Christenmenschen sind nicht zuerst Bürger des *Imperium Romanum* (wie dies Paulus selbst war und offenkundig immer wieder stolz bemerkte), sondern sie sind eigentlich Bürger der himmlischen Stadt, der himmlischen Bürgerschaft. Sie haben also mindestens eine doppelte Loyalität, wenn sie nicht gar eigentlich einem anderen Herrn loyal sind als dem Herrn der Welt oder dem »Herrn«, dem Kyrios, dem römischen *Imperator*, in traditioneller Sprache: dem Kaiser.

Bemerkenswerterweise formulierte Paulus aber nicht nur diesen steilen Satz über das himmlische Bürgerrecht der Christenheit, der die jüdische Erfahrung des Exils noch einmal überbietet und radikalisiert. Im 13. Kapitel des Römerbriefs gibt er die schroffe Anweisung, den staatlichen Gewalten untertan zu sein – viele haben immer noch die klassische deutsche Übersetzung des entsprechenden Terminus mit »Obrigkeit« bei Luther im Ohr, obwohl es ja eigentlich im demokratischen Gemeinwesen gar keine Obrigkeiten mehr gibt: »Jedermann sei untertan der Obrigkeit, die Gewalt über ihn hat. Denn es ist keine Obrigkeit außer von Gott; wo aber Obrigkeit ist, ist sie von Gott angeordnet. Darum: Wer sich der Obrigkeit widersetzt, der widerstrebt Gottes Anordnung; die ihr aber widerstreben, werden ihr Urteil empfangen.

(…) Willst du dich aber nicht fürchten vor der Obrigkeit, so tue Gutes, dann wirst du Lob von ihr erhalten. Denn sie ist Gottes Dienerin, dir zugut. Tust du aber Böses, so fürchte dich; denn sie trägt das Schwert nicht umsonst« (Römer 13,1–4). Vielleicht kann man in aller Kürze den Befund so erklären, dass er die eigentümliche Ambivalenz, die die jüdische Erfahrung des Exils, wie sie beispielsweise im Jerusalem-Satz am Ende der Pessach-Haggadah ausgedrückt ist, in eine neue Ambivalenz doppelten Bürgerrechts, doppelter Beheimatung (oder doppelten Exils) und doppelter Loyalität überträgt.

Am eindrücklichsten hat vermutlich der nordafrikanische Theologe und Bischof Augustinus von Hippo in seinen 22 Büchern *De civitate Dei contra Paganos* über diese Ambivalenz nachgedacht und sie in eine große theologische Theorie und eine heilsgeschichtliche Erzählung gefasst. An dem entsprechenden Opus magnum hat der viel beschäftigte Kirchenführer in den Jahren 413 bis 426 n. Chr. gearbeitet und man übersetzt seinen Titel besser als »Von der Bürgerschaft Gottes«; das lateinische *civitas* gibt hier auch das griechische »Politeuma« wieder, obwohl die lateinischen Bibelübersetzungen der paulinischen Briefpassage andere Ausdrücke verwenden: *conversatio*, »Wandel« oder *patria*, »Vaterland« oder *municipium*, »(städtisches) Gemeinwesen«. Das irdische Gemeinwesen, die *civitas terrena*, ist, wie von Paulus im 13. Kapitel des Römerbriefs formuliert, einerseits eine gottgewollte, allerdings zeitlich begrenzte Ordnungsmacht, sozusagen mit eingebautem Verfallsdatum, andererseits aber ein von widergöttlichen Kräften beherrschtes Reich des Bösen, ein Tier, das Anbetung anstelle Gottes fordert, wie im 13. Kapitel der biblischen Offenbarung des Johannes beschrieben.

Die Bürgerschaft Gottes (*civitas dei* oder *caelestis*) befindet sich nun aber in zugespitzter Auslegung der paulinischen Passage nicht nur im Himmel, sondern subsistiert in den durch die Zeiten pilgernden Christenmenschen, die das Bürgerrecht dieser Bürgerschaft in Gestalt ihres gottgeschenkten Glaubens besitzen. Die Trennung dieser beiden Bürgerschaften, deren Ringen diese irdische Welt charakterisiert, geht auf die himmlischen Ereignisse des Falls der Engel und des Teufels zurück und erweist die irdischen politischen Ereignisse damit als Teil des großen Ringens zwischen Gott und Teufel – wer, wie der Philosoph Kurt Flasch in seiner einflussreichen und höchst kritischen Augustinus-Deutung hier Spuren einer nie ganz überwundenen Lebensphase des nordafrikanischen Theologen sehen will, in der Augustinus einer Form der in Persien entstandenen gnostischen Universalreligion des Manichäismus anhing (die er damals allerdings für christlich hielt), kann sich auf solche Passagen berufen.[11]

Die Kontroversen um die Augustinus-Deutung von Kurt Flasch sind aber nur ein Teil der intensiven Forschungsdebatten des 20. Jahrhunderts über die große Konzeption des Augustinus. Auf dem ersten großen Augustinus-Kongress nach dem Zweiten Weltkrieg in Paris 1954 verwendeten der junge Dozent Joseph Ratzinger und französische Theologen wie Henri-Irénée Marrou (1904–1977) die augustinische Konzeption zweier miteinander ringender *civitates*, um die Beheimatung des Christentums in einer zunehmend säkularen Welt in Form eines christlichen Humanismus zu begründen. In späteren Zeiten, in denen das christlich-jüdische Gespräch immer mehr an Bedeutung gewann, wurden neben manichäischen, platonischen und stoischen Wurzeln auch die jüdischen Traditionen der Konzeption des Augustinus wieder mehr hervorgehoben. In unseren Tagen wird anstelle eines christlichen Humanismus nun wieder mehr der anthropologische und historische Pessimismus des Augustinus, der in den politischen Wirren der Völkerwanderungszeit lebte, beachtet und je nach eigener Disposition als nüchterner Realismus oder problematische Verfinsterung der hellen Antike wahrgenommen.[12] Zeiten multipler Krisen intensivieren das Gefühl, im Exil zu leben.

Um die große Konzeption des Augustinus in ganzer Tiefe zu verstehen, muss man sich klarmachen, dass die altorientalische Praxis der Massendeportation nicht endete, als das *Imperium Romanum* das Christentum zunächst unter Konstantin zu Beginn des vierten Jahrhunderts massiv privilegierte und dann am Ende des Jahrhunderts in einer bestimmten Form zum verpflichtenden Reichsbekenntnis machte. So wie bei den großen Verfolgungen des dritten Jahrhunderts vor allem Bischöfe und vornehme Christenmenschen in Bergwerke zur Zwangsarbeit deportiert wurden, so schickten die christlichen *Imperatores* aus der Familie Konstantins und folgenden Dynastien vom allgemeinen Bekenntnis abweichende Bischöfe ins Exil – der berühmte Athanasius hat beispielsweise mehrere Jahre fern von seiner Bischofsstadt Alexandria in Trier und Rom im Exil leben müssen und mancher andere antike Bischof auch.

Randgegenden des Reiches wie das Schwarze Meer, Kleinarmenien oder die arabische Wüste waren beliebte Verbannungsorte. Johannes Chrysostomus, Nestorius … die Liste der exilierten Bischöfe ist lang und beschäftigt inzwischen ein ganzes Forschungsprojekt, das eine Datenbank exilierter antiker Kleriker erstellt hat.[13] Die entsprechende Erfahrung, dass eine gerne verklärte oder eben perhorreszierte »Konstantinische Wende« in keiner Weise das Ende der von oben verordneten Exilierungen von Christenmenschen war und überhaupt die christlichen Imperatoren keineswegs zu paradiesischen Zuständen in einer krisengeschüttelten Migrationsgesellschaft der Völkerwanderungszeit beigetragen haben, hat Augustinus zur Feder greifen lassen. Selbst wenn Glaubende eine wandernde Bürgerschaft Gottes bilden, befinden sie sich auf Erden an ihren Wohnorten in gewisser Weise im Exil.

Mein Studium liegt lange zurück, und entsprechend deutlich treten Einseitigkeiten von Lehrern hervor, die ich bewundert habe und weiter verehre, Einseitigkeiten, die mir einst nicht auffielen und die zeigen, wie sehr auch das Thema »Exil« von der Geschichte des 20. Jahrhunderts und seinen mannigfaltigen Exilen geprägt war. Diese mannigfaltigen Exile in der jüdisch-christlichen Religionsgeschichte, die nicht mit dem babylonischen Exil endeten und auch nicht mit der sogenannten Konstantinischen Wende, lassen sich daher nicht vollständig in einem Essay darstellen, nicht einmal in ihren Grundlinien. Aber man kann zeigen, wie die Geschichte der Exilmotive in den jüdischen und christlichen Traditionen immer auch ein Zeichen des zeitgenössischen Umgangs mit eigenen Exilerfahrungen ist. Und so wird zugleich deutlich, wie unterschiedlich die Lebensformen ausfallen, die jeweils mit dem einheitlichen Begriff »Exil« bezeichnet werden. Es macht schließlich einen Unterschied, ob einen die Babylonier nach Babylon verschleppen oder man an die Philipps-Universität im hessischen Marburg berufen wurde.

Anmerkungen

1 Otto Kaiser: *Einleitung in das Alte Testament*. Gütersloh 1978. Vgl.: »*Gedenket der Lehrer ...« (Hebräer 13,7). Reden zur Akademischen Gedenkfeier in memoriam Prof. Dr. Dr. h. c. mult. Otto Kaiser*. Marburg 2019.

2 Otto Kaiser: *Der königliche Knecht. Eine traditionsgeschichtlich-exegetische Studie über die Ebed-Jahwe-Lieder bei Deutero-Jesaja* (Forschungen zu Religion und Literatur des Alten und Neuen Testaments 70). Göttingen 1959.

3 Otto Kaiser: *Der Prophet Jesaja 13–39* (Das Alte Testament Deutsch. Neues Göttinger Bibelwerk, Teilband 18). Göttingen 1973.

4 Ich erlaube mir, auf eine bibliophile Ausgabe einer besonders kostbaren, in München aufbewahrten Haggadah hinzuweisen, an der ich mitwirken durfte: *The Monk's Haggadah. A Fifteenth-Century Illuminated Codex from the Monastery of Tegernsee, with a Prologue by Friar Erhard von Pappenheim*, edited by David Stern, Christoph Markschies, and Sarit Shalev-Eyni (Dimyonot: Jews and the Cultural Imagination 1). University Park, PA 2015 (mit einem farbigen Voll-Faksimile des Cod. Mon. Hebr. 200 und einer englischen Übersetzung der Haggadah).

5 Otto Kaiser (Hg.): *Texte aus der Umwelt des Alten Testamentes*, Bd. I/4. Gütersloh 1984, S. 383.

6 Rainer Albertz: *Die Exilszeit. 6. Jahrhundert v. Chr.* (Biblische Enzyklopädie 7). Stuttgart u. a. 2001.

7 Alfred Bodenheimer: https://www.juedische-allgemeine.de/kultur/was-der-satz-nachstes-jahr-in-jerusalem-bedeutet/. Letzter Zugriff am 01.08.2024.

8 Konrad Schmid: »The Rise and Fall of the Notion of ›Spätjudentum‹ in Christian Biblical Scholarship«, in: Arjen F. Bakker et al. (Hg.): *Protestant Bible Scholarship: Antisemitism, Philosemitism and Anti-Judaism* (Supplement to the Journal for the Study of Judaism 200). Leiden/Boston 2022, S. 63–78.

9 Markus Witte: »Beobachtungen zur Theologie und Eschatologie im Alten Testament«, in: »*Gedenket der Lehrer ...« (Hebräer 13,7). Reden zur Akademischen Gedenkfeier in memoriam Prof. Dr. Dr. h. c. mult. Otto Kaiser*, (S. 43–62) S. 62.

10 James M. S. Cowey, Klaus Maresch (Hg.): *Urkunden des Politeuma der Juden von Herakleopolis (144/3–133/2 v. Chr.) (P. Polit. Iud.)*, (Abhandlungen der Nordrhein-Westfälischen Akademie der Wissenschaften. Papyrologica Coloniensia 29). Opladen 2001.

11 Kurt Flasch: *Augustin: Einführung in sein Denken* (Reclams Universal-Bibliothek 9962). Stuttgart 2013; vgl. aber auch Peter Brown: *Augustinus von Hippo. Eine Biographie*. Erweiterte Neuausgabe (Deutscher Taschenbuch-Verlag 30759). München 2000.

12 Josef *Ratzinger*: »Herkunft und Sinn der Civitas-Lehre Augustins«, in: *Augustinus Magister* Vol. 2. Paris 1954, S. 965–979, ders.: *Gesammelte Schriften* Bd. 1. *Volk und Haus Gottes in Augustins Lehre von der Kirche. Die Dissertation und weitere Studien zu Augustinus und zur Theologie der Kirchenväter*. Freiburg 2011, S. 420–439; Carl Andresen (Hg.): *Zum Augustin-Gespräch der Gegenwart. Mit Bibliographie* (Wege der Forschung 5). Darmstadt 1962 sowie Johannes van Oort: *Jerusalem and Babylon. A Study into Augustine's City of God and the Sources of his Doctrine of the two Cities*. Leiden 1991.

13 https://www.clericalexile.org/. Letzter Zugriff am 01.08.2024.

Collen Kajokoto

Schwarzes Krokodil

→

Du niederträchtigster Despot des Tages
Der auf brutale Weise unsere Seelen quält
Im Namen des Patriotismus deiner Clique.
Du schamloser Herodes!
Schwarz die Krokodilhaut, aber deine Herrschaft?
Du fanatischster unter den Diktatoren
Der unsere Uhuru[1] – unsere Freiheit – verhöhnt
Du mein ärgster Feind und der all meiner Lieben.
Von Ost bis West, von Forbes[2] bis Plumtree[3], schwingt ihr eure Schwerter
Dem Volk, in beschmutzter Eintracht, fehlen die Worte
Ihr fremden Eindringlinge, welchen Zauber nutzt ihr
Dass ihr erntet, wo ihr nicht gesät?
Verflucht sei der Leib, der ohne jeden Zauber
Diesen Kind gebliebenen Mann gebar
Der seine Untertanen in Ketten hält.
Du nach Frauenröcken gierendes geriatrisches Monster
Du throngeiler Mörder
Wir erloschene Seelenheilige auf Totenbetten
Sehnen uns nach Glück und Wohlergehen
Bittere Armut ist unser Leben.
Was bleibt von dir, Schurke, wenn du den Thron verlierst

Und deine Schwerter rosten?
Was bleibt von dir, wenn der Bestatter triumphiert?
Du marodierender Viehdieb, erhoffe keine Tränen
Wenn die große Posaune erschallt.
Auf dass keine lebende Seele deinen Sarg berührt
Denn was geschrieben steht über dich, spricht laut und hallt.

Aus dem Englischen von Barbara Krohn und Gerd Burger.

Anmerkungen

1 Uhuru ist Kisuaheli und bedeutet Freiheit beziehungsweise Unabhängigkeit.
2 Forbes liegt in der Provinz Manicaland, Simbabwe, nahe der Grenze zu Mosambik.
3 Plumtree ist eine Kleinstadt in Simbabwe in der Provinz Matabeleland South an der Grenze zu Botswana.

(Islandtief 12)

ISLANDSCHAFE UND HAUPTSTADTKATZEN

Von Berit Glanz

Ich habe die Ehre, regelmäßig in meinem Garten die berühmteste Katze Islands anzutreffen. Auf seinen Streifzügen schafft es Diego, ein wuscheliger Kater mit schwarz-weißem Fell, immer wieder bis zur Wiese hinter meinem Haus. Der Kater Diego versammelt in einer Facebook-Gruppe beinahe 15 000 Fans, die enthusiastisch Bilder von ihm teilen. Die Popularität Diegos in der isländischen Gesellschaft liegt daran, dass er der unbestrittene Alleinherrscher über eine Art Gewerbegebiet im Kern der Hauptstadt ist. Das ausgesprochen hässliche und fußgängerfeindliche Areal voller Geschäfte und Parkplätze wird von vielen Isländern regelmäßig besucht. Wie ein König bewegt sich Diego durch die verschiedenen Geschäfte, schläft auf Blumenerde-Packungen im Eingang eines Supermarktes, streicht durch die Ausstellungsfläche eines Autohauses oder liegt träge auf einem Stapel Druckerpapier in einem Schreibwarengeschäft. Mit stoischer Arroganz empfängt der fotogene Kater reihenweise Streicheleinheiten und lässt sich immer wieder ablichten.

Reykjavík ist eine Stadt der Katzen. Besonders in der Innenstadt zwischen den bunten, mit Wellblech verkleideten Holzhäusern sind Katzen allerorts zu finden. Bei Touristen und Einheimischen gleichermaßen beliebt, lassen sie sich auf Treppenstufen, Mauern und vor Geschäftseingängen fotografieren. Neben den vielen echten Katzen gibt es im Dezember in der Innenstadt auch die große Skulptur der

Weihnachtskatze. Diese ist das Haustier der bösen Trollfrau Grýla, der Mutter der 13 isländischen Weihnachtsmänner. Ähnlich wie diese 13 Gesellen ist auch die Weihnachtskatze keine freundliche Figur. Im Gegenteil droht sie all diejenigen zu verschlingen, die an Weihnachten keine neue Kleidung tragen. Die Weihnachtskatze ist als Gruselfigur sehr beliebt, sogar von der isländischen Nationalheldin Björk gibt es ein Lied über sie.

Katzen spielen in der isländischen Kultur eine wichtige Rolle. Deswegen werden seit einigen Jahren sogar Führungen durch Reykjavík angeboten, die sich an Katzenliebhaber richten und den Spuren der isländischen Katzen seit der Besiedlung folgen. Die Tiere in der Hauptstadt sind jedoch keine Streuner, denn Katzenhaltung ist in Island streng geregelt. Um die Population zu kontrollieren, werden moderne technische Mittel eingesetzt. Jede Katze auf Island muss deswegen einen Mikrochip unter die Haut bekommen und in einem nationalen Katzenregister eingetragen werden.

Vielleicht liegt die Katzenliebe vieler Hauptstadtbewohner daran, dass die Hundehaltung in Reykjavík bis in die 1980er-Jahre verboten war. Das Verbot war ursprünglich aufgestellt worden, um die Übertragung von Krankheiten in der beengten Stadt zu verhindern. Es beruht aber auch darauf, dass Hunde nicht als Haus-, sondern als Nutztiere für Bauernhöfe wahrgenommen wurden. In den darauffolgenden Jahrzehnten riskierten Hundebesitzer in Reykjavík empfindliche Geldstrafen, während die Katzenhaltung kaum reguliert wurde. Immer noch sind viele der Katzen in Reykjavík Freigänger, auch wenn sich inzwischen Widerstand regt.

Die Facebook-Gruppe »Spottaði Diego« (Diego-Beobachtungen) wurde 2020 gegründet, weil Menschen teilen wollten, wo sie den Kater überall angetroffen hatten. Die Alltagshandlungen im Gewerbegebiet wurden mit der Suche nach Diego spannender und die Gruppe wuchs rasant. Immer mehr Menschen machten sogar Ausflüge in die Geschäfte, in denen Diego regelmäßig verkehrt, um den Kater zu beobachten und zu fotografieren. In der Gruppe diskutieren Diegos Fans leidenschaftlich über sein Wohlergehen: Ist Diego kalt? Hat Diego ausreichend Trinkwasser im Supermarkt? Dürfen Fremde Diego füttern?

Als Diego vor zwei Jahren vor einem Geschäft von einem Auto angefahren wurde, sammelten seine Fans sofort Geld, um die Tierarztkosten zu finanzieren, und auch einige Unternehmen zahlten großzügig für seine Behandlung. In diesem Frühjahr begann der Kater, sich nicht nur im Vorraum des Supermarktes aufzuhalten, sondern durch die Gänge zu streichen und sich ein wenig vom Trockenfisch zu genehmigen. Schließlich war der Supermarkt gezwungen, eine Grenze zu ziehen und den Kater wieder auf seinen Platz im Vorraum zu verweisen. In der Folge versuchte ein Autohaus im Gewerbegebiet, damit Werbung zu machen, dass Diego bei ihnen immer willkommen sei. Menschen debattierten im Internet, ob ein herumstreunender Kater in einem Supermarkt überhaupt ein Hygieneproblem sei.

Der berühmte Kater erfüllt offensichtlich für viele Isländer eine wichtige gemeinschaftsstiftende Funktion. Selbst Menschen, die Katzen sonst wenig abgewinnen können, freuen sich, wenn sie Diego bei seinen Streifzügen begegnen.

Dabei ist die freie Bewegung von Katzen mittlerweile auch auf Island stark umstritten, seit sich immer mehr Menschen für den Schutz von Singvögeln interessieren und frei laufende Katzen zunehmend als Störfaktor wahrgenommen werden. Der Katzenliebe in der Hauptstadt steht besonders im Norden Islands eine zunehmende stärkere Regulation gegenüber. In einigen Gemeinden ist es mittlerweile verboten, Katzen nachts frei laufen zu lassen. Grund für die Verbote ist vor allem der Vogelschutz. Island ist ein wichtiges Brutgebiet für viele Vogelarten, und jagende Katzen sind für viele Jungvögel eine ernst zu nehmende Gefahr.

Die Stadt Akureyri hatte sogar ein allgemeines Freilaufverbot für Katzen in Erwägung gezogen. Der Protest gegen diese Pläne war jedoch so groß, dass sich in der nordisländischen Stadt sogar eine eigene Katzenpartei gründete und die Pläne schließlich zugunsten eines rein nächtlichen Ausgangsverbotes verabschiedet wurden.

Während Katzen und Katzenhaltung die isländische Bevölkerung polarisieren, begegnet man anderen Haustierarten nicht mit derselben Leidenschaft. Dabei hat die Insellage dafür gesorgt, dass einige sehr spezifische Tierrassen seit der Besiedlung durch die Wikinger erhalten geblieben sind. So gibt es eine Reihe von Haustieren, die nur auf Island zu finden sind, weil ihre Gene sich über fast ein Jahrtausend kaum vermischt haben. Dazu gehören eine isländische Hühnerrasse, das isländische Landnahmehuhn, das Islandschaf, der Islandhund, die Islandziege und natürlich die global bekannten Islandpferde.

Die isländischen Hühner, Ziegen und Hunde haben gemeinsam, dass sie fast ausgestorben waren und erst ab der Mitte des 20. Jahrhunderts geschützt wurden. Den Isländern war lange gar nicht bewusst, dass ihre Haustiere schützenswert sind. Der Erhalt dieser ursprünglichen Rassen über ein Jahrtausend hat viel damit zu tun, dass ein Import von Tieren kostspielig war und deswegen über Jahrhunderte kaum stattfand. Die Tiere wurden deswegen lange nicht zugunsten besserer Züchtungen aufgegeben und konnten sich perfekt an die isländische Natur und die isländischen Bedingungen anpassen.

Islandpferde und Islandschafe sind immer noch die wichtigsten Tierarten auf isländischen Bauernhöfen, und besonders die Pferde wurden früher geschützt als die anderen Tierarten - seit 1909 gilt auf Island ein Pferdeimportverbot, das dem Schutz der Islandpferde gewidmet ist. Obwohl der Islandhund während einiger Jahrhunderte in Europa nicht unbekannt war - in William Shakespeares Schauspiel *Heinrich V.* wird er sogar explizit erwähnt -, gibt es erst seit den 1970er-Jahren einen Züchterverband, und erst 1996 verabschiedete das isländische Parlament eine Erklärung zur Wichtigkeit der Hunderasse für das kulturelle Erbe der Insel.

Die seltene Islandziege war schon gegen Ende des 19. Jahrhunderts fast ausgestorben, hatte dann einen kurzen Aufschwung in der Mitte des 20. Jahrhunderts und ist in den folgenden Jahrzehnten nur unter großen Zuchtbemühungen erhalten worden. Der isländische Staat bezahlt inzwischen für die Haltung der Islandziegen, um die Haustierrasse zu schützen. Auch das Islandhuhn hatte zeitweilig einen schweren Stand. Es ist vor allem aufgrund der Schutzbemühungen eines einzelnen isländischen Agrarwissenschaftlers in den 1970er-Jahren erhalten geblieben. Eine auf Ertrag ausgerichtete Landwirtschaft, die moderne Züchtungen importieren kann, hatte wenig Interesse daran, sich für den Schutz und Erhalt von tausend Jahre alten Tierrassen einzusetzen. Besonders bei Hühnern wurden oft moderne Rassen eingekreuzt, damit die Tiere mehr Eier legen. Dabei sind die isländischen Hühner besonders gut darin, auch in den Wintermonaten Eier zu legen, was sie für die isländischen Bedingungen perfekt macht.

Ursprüngliche Haustierrassen verdienen es, erhalten zu werden, nicht nur, weil sie ein wichtiger Gegenpol zu den homogenen modernen Züchtungen sind, sondern auch, weil die Haltung dieser Tierrassen Teil der kulturellen Identität einer Gesellschaft ist. Auf Island hat sich die Einstellung zu diesem Thema in den letzten Jahrzehnten verändert: Die isländischen Haustierrassen werden mittlerweile geschützt und eindeutig als Teil des isländischen Kulturerbes betrachtet. Die Islandhunde sind wie die Islandpferde sogar zu einem Exportgut geworden. Während ins Ausland verkaufte Islandpferde niemals nach Island zurückkommen dürfen, ist es den Hundezüchtern sogar erlaubt, ihre Islandhunde mit ins Ausland zu nehmen und dort zu präsentieren.

Gemeinsam ist allen isländischen Haustierrassen, dass sich ihre Fans und Züchter in Facebook-Gruppen zusammenschließen und dort über die Tiere und ihre Eigenschaften diskutieren, Jungtiere zum Verkauf anbieten und sich wechselseitig motivieren und bestärken. Der Islandhund hat eine Facebook-Gemeinschaft von fast 3000 Mitgliedern, für die Islandhühner interessieren sich 1500 Menschen und auch die Ziegenbauern haben eine eigene Facebook-Gruppe. Digitale Formen von Gemeinschaftsbildung um Flora und Fauna herum spielen in der isländischen Gesellschaft eine große Rolle und das aktuelle Interesse an den ursprünglichen isländischen Haustierrassen ist sicherlich auch durch Facebook verstärkt worden.

Die Autoren und Autorinnen

Behnaz Amani, geb. 1978, ist Dichterin, Forscherin, Übersetzerin und ehemalige politische Gefangene, die im Iran für die Rechte von Frauen und Kindern kämpfte. Sie war Assistenzprofessorin für englische Literatur an der Azad University. Sie darf aktuell im Iran nicht mehr akademisch und literarisch veröffentlichen. Seit Februar 2024 lebt sie in Deutschland und ist Writers-in-Exile-Stipendiatin des PEN-Zentrums Deutschland.

Sibylle Anderl, geb. 1981, leitet das Wissensressort der *ZEIT* und ist Mitherausgeberin des *Kursbuchs*. Zuletzt erschien *Dunkle Materie. Das große Rätsel der Kosmologie.*

Enno Aufderheide, geb. 1958, ist Biologe und von 1988 bis 2024 Wissenschaftsmanager bei deutschen Forschungseinrichtungen, seit 2010 als Generalsekretär der Alexander-von-Humboldt-Stiftung. Als Ruheständler sind ihm Entwicklungsperspektiven für Geflüchtete ein besonderes Anliegen.

Peter Felixberger, geb. 1960, ist Programmgeschäftsführer der Murmann Publishers und Mitherausgeber des *Kursbuchs*. Seine Bücher erschienen bei Hanser, Campus, Passagen und Murmann. Dort auch sein wichtigstes: *Wie gerecht ist die Gerechtigkeit?*

Henning Füller, geb. 1977, ist wissenschaftlicher Mitarbeiter am Geographischen Institut der Humboldt-Universität zu Berlin. Zuletzt erschien *Infrastrukturen der Biosicherheit.*

Berit Glanz, geb. 1982, lebt als Autorin und Literaturwissenschaftlerin in Island. Zuletzt erschien ihr Roman *Automaton.*

Georg Glasze, geb. 1969, ist Lehrstuhlinhaber für Kulturgeographie der FAU Erlangen-Nürnberg. Zuletzt erschien *Was heißt digitale Souveränität?*

Pezhman Golchin, geb. 1967, ist iranischer Schriftsteller, Dichter, Journalist und politischer Analyst. Er war Stipendiat des Elsbeth-Wolffheim-Stipendiums der Wissenschaftsstadt Darmstadt und des PEN-Zentrums Deutschland (seit 2022). Golchin promoviert in Philosophie an der TU Darmstadt.